나 의 첫 문 법 파 트 너

초등영문법 777 6

Look at the boy who is dancing!
춤추고 있는 저 소년을 봐!

UNIT 01

현재완료시제

공부한 날 : 복습한 날 : 부모님 확인 :

'나는 미국에 가 본 적 있어.', '나는 큰 문어를 먹어 본 적 있어.'처럼 과거의 경험을 말하고 싶을 때가 있죠?
이렇게 '~해 본 적 있다'라고 말하고 싶을 때 사용하는 것이 현재완료시제랍니다.

현재완료시제란?

과거의 어느 시점에서 발생한 일이나 상황이

1. 현재에 완전히 끝났거나 (완료)
2. 현재까지 지속되고 있거나 (계속)
3. 현재에 어떤 결과를 남겼거나 (결과)
4. 현재의 경험으로 남아있을 때 (경험)

'~했다 (완료)', '~해 오다 (계속)', '~하게 되었다 (결과)', '~해 본 적 있다 (경험)'으로 해석하며 사용됩니다.

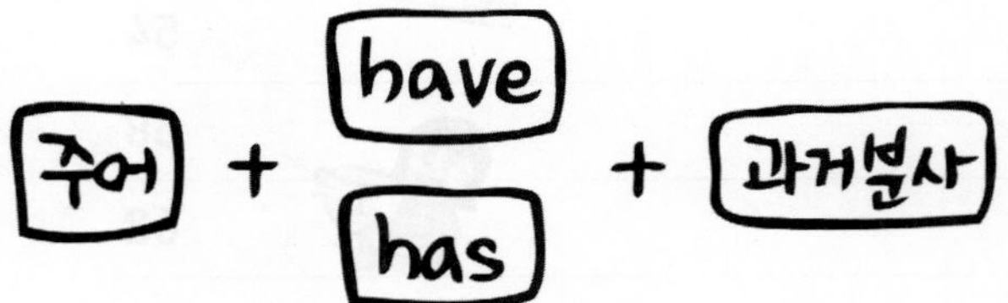

현재완료시제를 만들려면 주어 다음에 「have+과거분사」를 쓰면 됩니다.
주어가 3인칭 단수면 「has+과거분사」의 형태가 되겠죠?

과거분사는 완료 시제에 쓰이며 다음과 같이 만듭니다.

대부분은 동사 뒤에 -ed를 붙이면 됩니다.	예) work+-ed → worked
e로 끝나는 동사는 뒤에 -d만 붙이면 됩니다.	예) live+-d → lived
「자음+y」로 끝나는 동사는 y를 i로 고치고 -ed를 붙입니다.	예) study → stud+i+-ed → studied

하지만 영어에는 불규칙 동사가 존재한다는 사실을 알고 있나요?

A-B-B형

원형(A)	과거형(B)	과거분사형(B)	원형(A)	과거형(B)	과거분사형(B)
build 짓다	built	built	buy 사다	bought	bought
find 찾다	found	found	have 가지다	had	had
hear 듣다	heard [həːrd]	heard [həːrd]	keep 유지하다	kept	kept
leave 떠나다	left	left	lose 잃어버리다	lost	lost
make 만들다	made	made	meet 만나다	met	met
pay 지불하다	paid	paid	send 보내다	sent	sent
sit 앉다	sat	sat	sleep 잠자다	slept	slept
teach 가르치다	taught	taught	tell 말하다	told	told

A-B-C형

원형(A)	과거형(B)	과거분사형(C)	원형(A)	과거형(B)	과거분사형(C)
be ~이다, 있다	was/were	been	break 깨뜨리다	broke	broken
do 하다	did	done	drive 운전하다	drove	driven
eat 먹다	ate	eaten	fall 떨어지다	fell	fallen
give 주다	gave	given	go 가다	went	gone
grow 자라다	grew	grown	know 알다	knew	known
see 보다	saw	seen	sing 노래 부르다	sang	sung
speak 말하다	spoke	spoken	take 가지고 가다	took	taken
wear 입다	wore	worn	write 쓰다	wrote	written

이 외에도 A-B-A형(come-came-come, run-ran-run), A-A-A형(cut-cut-cut, read-read[red]-read[red], set-set-set)이 있습니다. 자주 나오는 것들만 모아놨으니 꼭 외워 두세요~^^

Jessica has met the president.
Jessica는 대통령과 만난 적이 있다.

Sam has eaten the cake.
Sam이 케이크를 먹어 버렸다.

연습문제

문제를 풀고 녹음 파일을 따라 읽고 연습하세요. MP3 6권 본문 UNIT 01
정답 및 해석 p. 109

Step 1 동사의 과거분사 형태를 쓰세요.

01 tell ⇨ told
02 eat ⇨ ______
03 be ⇨ ______
04 cut (자르다) ⇨ ______
05 meet ⇨ ______
06 clean ⇨ ______
07 go ⇨ ______
08 buy ⇨ ______
09 run (달리다) ⇨ ______
10 love ⇨ ______
11 pay (지불하다) ⇨ ______
12 sing ⇨ ______
13 live ⇨ ______
14 study ⇨ ______

Step 2 괄호 안에 들어갈 알맞은 말을 쓰세요.

원형	과거형	과거분사형
keep	kept	**01** (kept)
drive	drove	**02** ( )
come	**03** ( )	come
fall	fell	**04** ( )
read	read	**05** ( )
wear	**06** ( )	worn
sit	sat	**07** ( )
take	took	**08** ( )

Step 3 주어진 문장을 현재완료시제의 문장으로 만드세요.

01 Jessica meets the president. ⇨ Jessica has met the president.

02 Sam ate the biscuits. ⇨ ____________________
(biscuits: 비스킷)

03 I bought a big octopus. ⇨ ____________________
(octopus: 문어)

04 I sent an e-mail to her. ⇨ ____________________

05 I live in Seoul. ⇨ ____________________

06 Tom breaks the window. ⇨ ____________________
(breaks: 깨뜨리다)

07 She loves him. ⇨ ____________________

08 I run to my grandmother's house. ⇨ ____________________

09 He cuts the carrot. ⇨ ____________________
(carrot: 당근)

중학교 내신 시험에 꼭 나오는 문법 요점 정리 | 현재완료시제

● 현재완료시제의 용법

(①)	과거의 어느 시점에서 발생한 일이 현재에 완전히 끝남	~했다
(②)	과거의 어느 시점에서 발생한 일이 현재까지 지속되고 있음	~해 오다
결과	과거의 어느 시점에서 발생한 일이 현재에 어떤 결과를 남김	~하게 되었다
(③)	과거의 어느 시점에서 발생한 일이 현재의 경험으로 남음	~해 본 적 있다

● 현재완료시제의 형태

주어+have/has+(④)

● 과거분사형 만드는 방법

대부분의 동사	뒤에 (⑤)를 붙임	예) work+-ed → worked
e로 끝나는 동사	뒤에 -d만 붙임	예) live+-d → lived
「자음+y」로 끝나는 동사	y를 (⑥)로 고치고 -ed를 붙임	예) study → stud+i+-ed → studied

● 불규칙 동사

A-B-B형	(⑦)-met-met, pay-paid-paid, buy-bought-bought
A-B-C형	take-took-taken, sing-sang-sung, go-went-(⑧)
A-B-A형	come-came-come, run-ran-run
A-A-A형	cut-cut-cut, read-read [red] -read [red], set-set-set

① 완료 ② 계속 ③ 경험 ④ 과거분사 ⑤ -ed ⑥ i ⑦ meet ⑧ gone

UNIT 02
현재완료시제 용법 '완료, 계속'

공부한 날 : 복습한 날 : 부모님 확인 :

현재완료시제의 네 가지 용법 '완료', '계속', '결과', '경험'을 기억하고 있나요? 이 중에서 '완료'와 '계속' 용법에 대해 좀 더 알아보도록 해요.

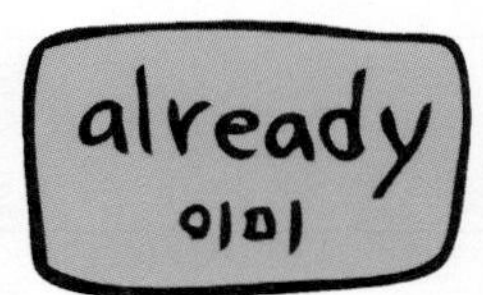

완료란? 과거에 시작된 행동이 최근에 또는 지금 막 완료되었을 때 사용합니다. 완료 용법의 의미를 더욱 뚜렷하게 하기 위해 옆의 단어들을 쓰기도 한답니다.

완료 용법을 그림을 통해 이해해 볼까요?

have/has + just + 과거분사: 방금 막 ~했다

I have just finished lunch. 나는 방금 막 점심을 마쳤다.
(I have는 I've축약형으로 많이 쓰여요.)

have/has + already + 과거분사: 이미 ~했다

A: Sam, this is my sister. Sam, 얘는 내 여동생이야.
B: We've already met. 우린 이미 만난 적이 있어.
(We've는 We have의 축약형이에요.)

haven't/hasn't + 과거분사 + yet: 아직 ~하지 않았다

A: Where is Amy? Amy는 어디 있어?
B: She hasn't arrived yet. 그녀는 아직 도착하지 않았어.

계속이란? 과거에 시작하여 현재까지 계속 이어지는 동작이나 상태를 나타날 때 사용합니다.

Sam met Amy five years ago. Sam은 Amy를 5년 전에 만났다.
\+ **They're still friends now.** 그들은 지금도 여전히 친구이다.

Sam has known Amy for five years. Sam은 Amy를 5년 동안 알고 지내 왔다.

계속적 용법의 의미를 더욱 뚜렷하게 하기 위해 다음 단어들을 쓰기도 한답니다.

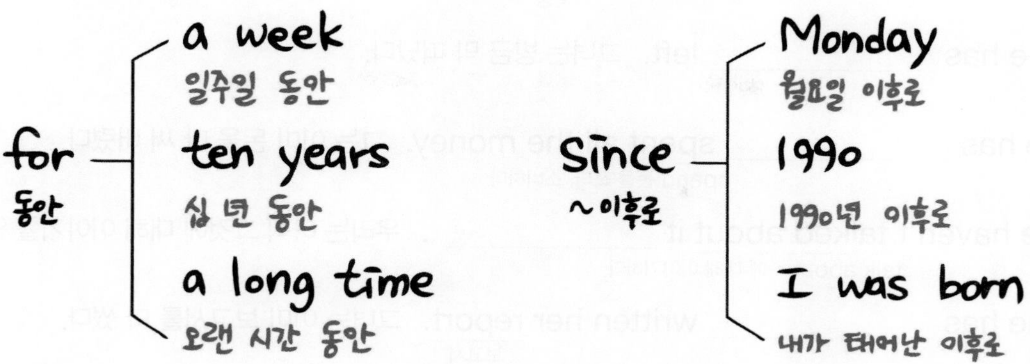

계속적 용법을 그림을 통해 이해해 볼까요?

have/has + 과거분사 + for + 기간: ~ 동안 계속 …해 왔다

I have studied English for three months.
나는 석달 동안 계속 영어 공부를 해 왔다.

have/has + 과거분사 + since + 시작된 시점: ~이후로 계속 …해 왔다

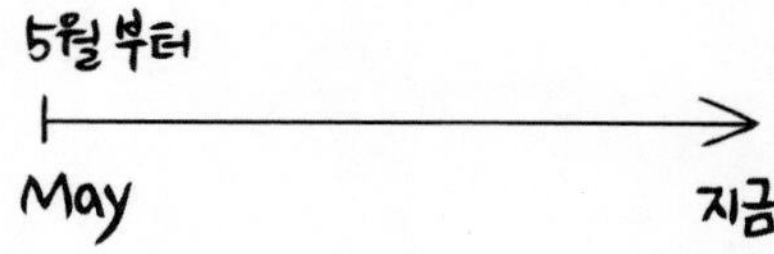

I have studied English since May.
나는 5월 이후로 계속 영어 공부를 해 왔다.

연습문제

문제를 풀고 녹음 파일을 따라 읽고 연습하세요. MP3 6권 본문 UNIT 02
정답 및 해석 p. 109

Step 1 빈칸에 들어갈 알맞은 단어를 [just / already / yet] 중에서 골라 쓰세요.

01 I've ___just___ finished lunch. 나는 방금 막 점심을 마쳤다.

02 He hasn't arrived ________. 그는 아직 도착하지 않았다.
(arrived: 도착하다)

03 We've ________ met. 우린 이미 만난 적이 있다.

04 She has ________ read the article. 그녀는 방금 그 기사를 읽었다.
(article: (신문) 기사)

05 I've ________ had dinner. 나는 이미 저녁 식사를 했다.

06 He has ________ played chess. 그는 방금 막 체스를 두었다.
(chess: 체스, 서양 장기)

UNIT 02

07 He has ______________ made a vase. 그는 방금 꽃병을 만들었다.
꽃병

08 She has ______________ left. 그녀는 방금 막 떠났다.

09 He has ______________ spent all the money. 그는 이미 돈을 다 써 버렸다.
spend 돈을 쓰다, 소비하다

10 We haven't talked about it ______________. 우리는 아직 그것에 대해 이야기를 안 했다.
talk about ~에 대해 이야기하다

11 She has ______________ written her report. 그녀는 이미 보고서를 다 썼다.
보고서

12 We have ______________ built the fence. 우리는 방금 울타리를 다 만들었다.
build 짓다 울타리

13 The train hasn't left ______________. 기차는 아직 떠나지 않았다.

Step 2 빈칸에 들어갈 알맞은 전치사를 for와 since 중에서 골라 쓰세요.

01 I have washed the dishes ___for___ two hours.

02 He has decorated the room ______________ this morning.
꾸미다, 장식하다

03 She has slept ______________ thirteen hours.

04 She has made chocolate bars ______________ three days.

05 He has played the piano ______________ four hours.

06 He has known her ______________ 2009.

07 He has written a novel ______________ this summer.
소설

08 She has watched TV ______________ two hours.

09 I have taken care of the cat ______________ last year.
take care of ~을 돌보다

10 I have studied French ______________ April.
4월

11 He has lived in Italy ______________ two years.

12 I have collected stamps ______________ last Friday.
모으다, 수집하다 우표

Step 3 단어들을 순서에 맞게 배열하여 문장을 완성하세요.

01 (finished / She / yet / hasn't / the work).

⇨ She hasn't finished the work yet.

02 (released / has / his second album / He / just).
(released: 내놓다, second: 두 번째)

⇨

03 (They / home / just / have / returned).
(returned: 돌아오다)

⇨

04 (have / my / already / I / homework / done).

⇨

05 (read / yet / I / the book / haven't).

⇨

06 (you / given / already / have / I / information / a lot of).
(information: 정보, a lot of: 많은)

⇨

07 (Sumi / for / ill / has / week / a / been).
(ill: 아픈)

⇨

중학교 내신 시험에 꼭 나오는 문법 요점 정리 | 현재완료시제 용법 '완료, 계속'

- **현재완료시제의 (①) 용법**
  - (②)에 시작된 행동이 최근 또는 지금 막 완료되었을 때
  - have/has+(③) +과거분사: 방금 막 ~했다
  - have/has+(④) +과거분사: 이미 ~했다
  - haven't/hasn't+과거분사+(⑤): 아직 ~하지 않았다

  예) I've (⑥) finished lunch. 나는 방금 막 점심을 마쳤다.
- **현재완료시제의 (⑦) 용법**
  - 과거에 시작하여 현재까지 계속 이어지는 동작이나 상태를 나타날 때
  - have/has+과거분사+(⑧)+기간: ~ 동안 계속 …해 왔다
  - have/has+과거분사+(⑨)+시작된 시점: ~이후로 계속 …해 왔다

  예) I have studied English (⑩) three months.
  나는 석달 동안 계속 영어 공부를 해 왔다.

① 완료 ② 과거 ③ just ④ already ⑤ yet ⑥ just ⑦ 계속 ⑧ for ⑨ since ⑩ for

UNIT 03

현재완료시제 용법 '결과, 경험'

공부한 날 : 복습한 날 : 부모님 확인 :

이번에는 현재완료시제의 용법 중 '결과'와 '경험'에 대해 알아보도록 해요.

결과란? 과거의 일로 인해 현재에 어떤 결과가 생겼을 때 사용합니다.
결과 용법을 그림을 통해 이해해 볼까요?

She has washed the dishes.
그녀는 설거지를 했다.

이게 왜 결과 용법인지 이해가 안 된다고요?
설거지를 해서 지금은 그릇들이 깨끗해졌기 때문입니다.

They've left the house.
그들은 집을 떠났다.

그들이 집을 떠나서 이제는 집에 없다는 뜻입니다.
이처럼 결과 용법을 쉽게 이해하기 위해서는
before와 now를 고려해 봐야 해요.

경험이란? 과거 경험이나 횟수를 나타날 때 사용합니다. 그림을 통해 이해해 볼까요?

I have seen this movie.
나는 이 영화를 본 적이 있다.

I've been to Japan three times.
나는 일본에 세 번 가 봤어.

잠깐! have seen은 '(과거부터 지금까지) 본 적이 있다'라는 의미랍니다.

TIP '가 본 적 있다'라는 문장을 만들 때, have/has been 대신에 have/has gone을 쓰지 않도록 주의하세요. **have/has gone**은 '~에 가서 (지금 여기) 없다'라는 의미에요.

A: I've come to see Mr. Jones. Jones 씨를 만나러 왔습니다.

B: I'm sorry. He has (　　　　) to lunch. 죄송합니다. 그는 점심을 먹으러 가고 없어요.

빈칸에 들어갈 말은 gone일까요? been일까요?

'점심 식사하러 가서 지금 여기 없다'는 의미이므로 **gone**이 적합하네요!

UNIT 03

연습문제

문제를 풀고 녹음 파일을 따라 읽고 연습하세요. MP3 6권 본문 UNIT 03
정답 및 해석 p. 109

Step 1 괄호 안의 단어를 과거분사 형태로 바꿔 빈칸에 쓰세요.

01 I haven't ___seen___ this movie. (see)
영화 (movie)

02 She has __________ to dinner. (go)

03 My dad has __________ to Saudi Arabia. (not be)

04 He has __________ lunch for his wife. (make)

05 I've __________ to America three times. (be)

06 I have __________ you. (respect)
존경하다 (respect)

07 He has __________ there. (work)

08 They have __________ for you in the waiting room. (wait)
대기실 (waiting room)

09 I've __________ this book. (read)

10 I have __________ you a TV set. (buy)

11 I've __________ Paris. (visit)

12 Students have __________ the exam. (fail)
실패하다 (fail)

13 I've __________ this TV show. (watch)

14 I have __________ to the music many times. (listen)

15 I've ______________ my cousins to the museum. (take)
사촌

16 She has ______________ postcards for two years. (collect)

17 I've ______________ in Germany. (live)
독일

18 My sister has ______________ absent from school. (be)
~에 결석한

19 He has ______________ to the movies with his father. (go)

20 I've ______________ sushi six times. (eat)

Step 2 현재완료시제의 결과 용법이면 ○표, 아니면 ×표 하세요.

01 They've left the house. (○)

02 She has left the town. ( )
마을

03 I have been to India four times. ( )
인도

04 I have lived in Korea since 2010. ( )

05 I have learned English for ten years. ( )

06 I have lost my watch. ( )

07 She has washed the dishes. ( )

08 My son has finished his homework. ( )

09 He has bought his car. ( )

10 She has found a man's wallet on the street. ( )
지갑

11 I have been to the station. ( )
역

12 They have been to Africa. ( )

13 He has sent the book to her. ( )

Step 3 우리말 해석과 같도록 밑줄 친 부분을 고쳐 문장을 다시 쓰세요. (단, 모두 현재완료시제로 쓰세요.)

01 I've seen to China. 나는 중국에 가본 적이 있다.

⇨ I've been to China.

02 She has went into the conference room. 그녀는 회의실 안으로 들어가버렸다.

회의실

⇨

03 I hasn't direct this movie. 나는 이 영화를 감독하지 않았다.

감독하다

⇨

04 I have gone to Busan three times. 나는 부산에 세 번 가본 적이 있다.

⇨

05 She has being to England. 그녀는 영국에 가본 적이 있다.

⇨

06 She have has cereal for breakfast. 그녀는 아침 식사로 시리얼을 먹었다.

시리얼 아침 식사로

⇨

07 I've wrote this poem. 나는 이 시를 썼다.

시

⇨

중학교 내신 시험에 꼭 나오는 문법 요점 정리 | 현재완료시제 용법 '결과, 경험'

- **현재완료시제의 (①) 용법**
  - 과거의 일로 인해 (②)에 어떤 결과가 생겼을 때
  - before와 (③)를 고려하면 쉽게 이해할 수 있음

  예) She has washed the dishes. 그녀는 설거지를 했다.(그래서 그릇이 깨끗하다.)
- **현재완료시제의 (④) 용법**
  - 과거의 경험이나 (⑤)를 나타낼 때
  - have/has (⑥): (과거부터 현재까지) 본 적이 있다
  - have/has (⑦): (과거부터 현재까지) 가 본 적 있다

  예) I have seen this movie. 나는 이 영화를 본 적이 있다.

  중요 have/has (⑧): ~에 가버렸다

① 결과 ② 현재 ③ now ④ 경험 ⑤ 횟수 ⑥ seen ⑦ been ⑧ gone

UNIT 04

현재완료시제 의문문

공부한 날 : 복습한 날 : 부모님 확인 :

앞에서 공부한 현재완료시제의 의문문은 어떻게 만들까요?

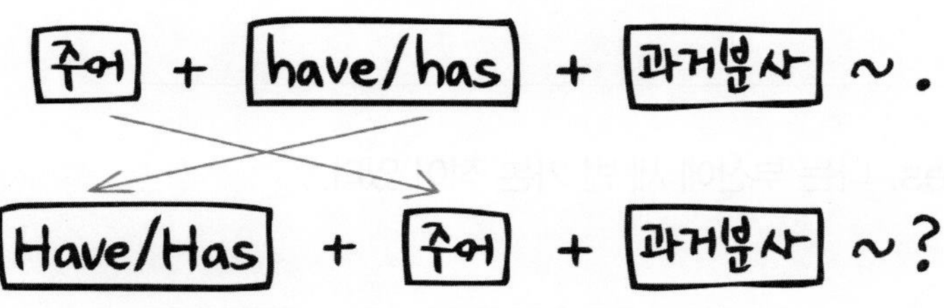

의문문을 만드는 방법은 간단해요. 주어와 have/has의 위치를 서로 바꿔 주면 됩니다. 의문문이니까 마지막에 물음표(?)도 꼭 붙여 줘야겠죠?

그럼, 의문문에 대한 대답은 어떻게 할까요? Yes, 주어(대명사)+have/has. 또는, No, 주어(대명사)+haven't[hasn't].라고 하면 돼요. 간단하죠?

Sam has met Amy. Sam은 Amy를 만난 적이 있다.

→ **Has Sam met Amy?** Sam은 Amy를 만난 적이 있니?

- Yes, he has. / No, he hasn't.

You have lived here for a long time. 너는 여기서 오랫동안 살아왔다.

→ **Have you lived here for a long time?** 너는 여기서 오랫동안 살아왔니?

- Yes, I have. / No, I haven't.

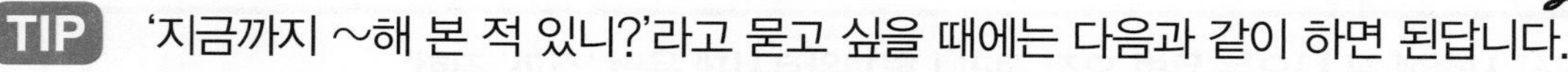

TIP '지금까지 ~해 본 적 있니?'라고 묻고 싶을 때에는 다음과 같이 하면 된답니다.

Have + 주어 + ever + 과거분사 ~?

지금까지 ~해 본 적이 있니?

ever는 의문문에서 '지금까지'라는 뜻으로, 경험을 나타내는 문장에 자주 쓰입니다.

Have you ever tried French food? 지금까지 프랑스 음식을 먹어본 적이 있니?

그렇다면 '얼마나 오래' 어떤 행동이나 상태가 지속되었는지 묻는 의문문은 어떻게 만들까요? 바로 How long ~?을 사용하면 됩니다.
이렇게 의문사를 포함한 현재완료시제 의문문을 만들고 싶다면, 의문사를 문장 맨앞에 놓으면 됩니다.

How long + have + 주어 + 과거분사 ~?

얼마나 오래 ~하고 있니?

How long have you run?
너는 얼마나 오래 달리고 있니?

How long have you lived here?
너는 얼마나 오래 여기서 살았니?

잠깐! 의문사 when은 현재완료시제와 절대 같이 쓰일 수 없답니다. 꼭 기억하세요.

UNIT 04

연습문제

문제를 풀고 녹음 파일을 따라 읽고 연습하세요. MP3 6권 본문 UNIT 04
정답 및 해석 p. 109

Step 1 주어진 단어를 바르게 배열하여 문장을 완성하세요.

01 (she / for / worked / has / the / How long / company)? (company: 회사)

⇨ How long has she worked for the company?

02 (her / you / seen / before / Have)?

⇨ ______

03 (How / been / you / have)?

⇨ ______

04 (a / seen / Have / ever / you / giraffe)? (giraffe: 기린)

⇨ ______

05 (stayed / here / How long / you / have)? (stayed: 머무르다)

⇨ ______

06 (been / sick / you / have / How long)? (sick: 아픈)

⇨ ______

07 (Italy / lived / he / in / How long / has)?

⇨ ______

08 (abroad / ever / Have / been / you)?
해외로

⇨ ______________________________

09 (Has / gone / Thailand / she / to)?
태국

⇨ ______________________________

10 (ever / been / Japan / you / Have / to)?

⇨ ______________________________

Step 2 주어진 문장을 의문문으로 바꿔 쓰세요.

01 Sam has met Amy. ⇨ Has Sam met Amy?

02 He has lived here for a long time. ⇨ ______________

03 She has produced this movie. ⇨ ______________
제작하다

04 You have been here that long. ⇨ ______________
그렇게 오래

05 He has eaten the candies. ⇨ ______________

06 You have earned a lot of money. ⇨ ______________
벌다

07 He has known her for three years. ⇨ ______________

08 She has studied English since March. ⇨ ______________
3월

09 She has taken a bath. ⇨ ______________
take a bath 목욕하다

10 He has made a model ship. ⇨ ______________
모형 배

11 She has lost her necklace. ⇨ ______________
목걸이

12 He has gone to the restroom. ⇨ ______________
화장실

Step 3 밑줄 친 부분을 바르게 고쳐 쓰세요.

01 Have ever you tried Greek food? ⇨ you ever
try 시도하다, 맛보다 그리스의

02 We have already met? ⇨

03 Have he baked the cake? ⇨

04 Has she met her aunt. ⇨
숙모, 이모

05 How long you have played golf? ⇨

06 Have worked you here for a long time? ⇨

07 When have you ever visited Seoul? ⇨

08 How long has you studied for the test? ⇨
시험

09 When he has left the book at the restaurant? ⇨
leave ~을 두고 가다

10 Have how long you taken a walk? ⇨
take a walk 산책하다

11 Has just you finished the paper? ⇨
보고서, 리포트

12 Where he has stayed these days? ⇨
요즘

중학교 내신 시험에 꼭 나오는 문법 요점 정리 | 현재완료시제 의문문

- **현재완료시제의 의문문을 만들고 대답하는 방법**
  - ·(①)와 have/has의 위치를 바꿈
  - ·마지막에 (②)를 붙임
  - ·대답은 Yes, 주어(대명사)+have[has]. 또는 No, 주어(대명사)+haven't[hasn't].
  - ·Have/Has+주어+(③)+과거분사 ~ ?: 지금까지 ~해 본 적 있니?
- **기간을 물어보는 의문문**
  - (④)+have/has+주어+과거분사 ~ ?: 얼마나 오래 ~하고 있니?
  - (⑤)은 현재완료시제와 절대 같이 쓰일 수 없음

① 주어 ② ?[물음표] ③ ever ④ How long ⑤ (의문사) when

UNIT 05

현재완료시제와 과거시제의 비교

공부한 날 : 복습한 날 : 부모님 확인 :

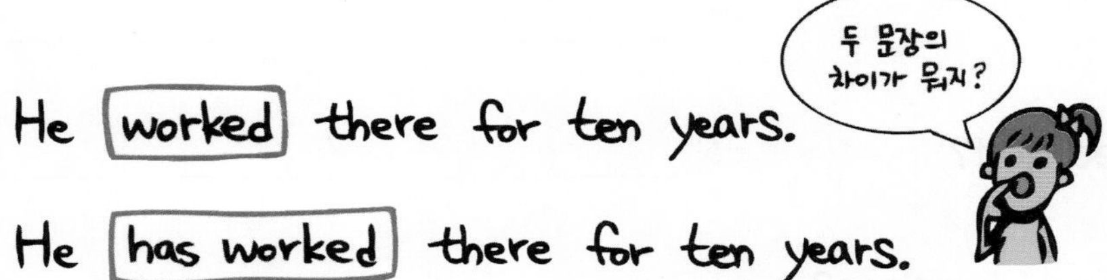

이 두 문장의 차이가 뭘까요?
맞아요. 첫 번째 문장은 과거시제고, 두 번째 문장은 현재완료시제입니다. 그런데, 이게 다일까요?

과거시제 worked를 쓰면, 그가 과거에 10년 동안 거기서 일을 했다는 사실만을 뜻해요. 지금도 그가 거기서 일을 하고 있는지는 알 수가 없답니다.

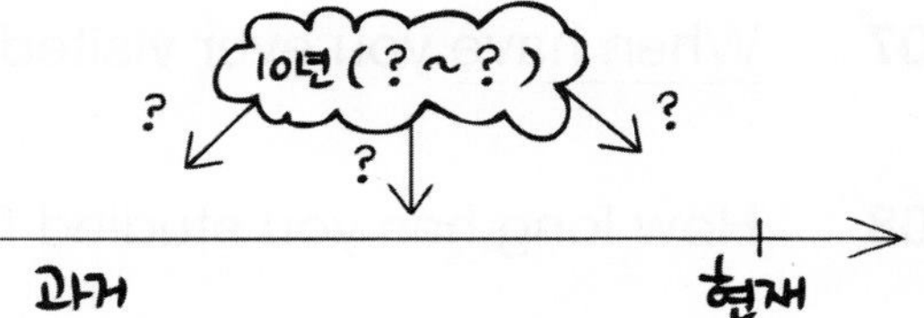

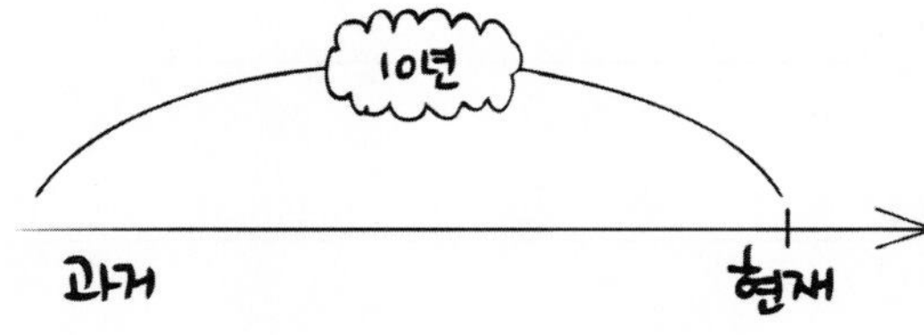

하지만 현재완료시제 has worked를 쓰면, 10년 동안 일하고 있다는 뜻이에요. 즉, 10년 전에 일하기 시작해서 현재도 거기에서 일을 하고 있다는 의미랍니다.

그렇다면 현재완료시제를 쓸 때, 주의할 점은 무엇일까요? 명확하게 과거 시점을 나타내는 말과는 함께 쓰이지 못한답니다.

과거시제	현재완료시제
구체적인 과거의 특정 시점을 나타냄	현재까지 지속되는 행동, 과거의 경험을 나타냄

× He has been in Korea in 2012.
(has been: 현재완료, in 2012: 특정 시점)

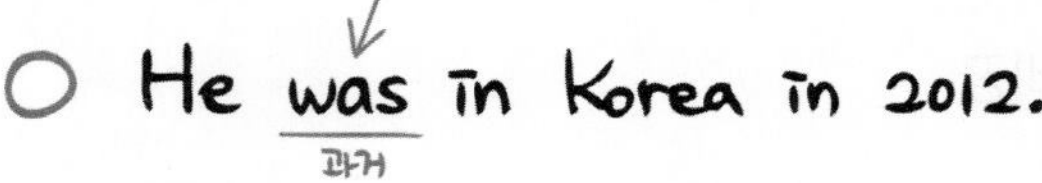

현재완료시제의 특성상 in 2012처럼 과거의 특정 시점을 나타내는 단어는 함께 쓰일 수 없답니다.

이 외에도 과거의 한 시점에 일어난 일을 나타내는 부사는 현재완료시제의 문장에 사용하지 않아요.
그러한 부사들을 살펴볼까요?

연습문제

문제를 풀고 녹음 파일을 따라 읽고 연습하세요. MP3 6권 본문 UNIT 05
정답 및 해석 p. 109

초777_6_p5

UNIT 05

Step 1 괄호 안에서 알맞은 것에 ○표 하세요.

01 He (studied / has studied) in the library last weekend.
주말

02 She (was / has been) in Busan last night.
어젯밤(에)

03 You (lives / have lived) here for a long time.

04 He (is / has been) in Korea for three years.

05 She (washed / has washed) the dishes yesterday.

06 He (met / has met) his friend an hour ago.

07 She (was / has been) to China several times.
몇몇의

08 He (worked / has worked) at the restaurant from 2011 to 2012.

09 She (knew / has known) him since 2011.

10 I (lived / have lived) in Seoul since July.

11 The weather (was / has been) very hot the day before yesterday.
날씨 그저께

12 Susan (wasn't / hasn't been) in Paris in the summer of 2013.

13 I (didn't read / haven't read) a newspaper since last Sunday.

14 I (don't drive / haven't driven) a car for a year.

Step 2 문장에서 밑줄 친 부분을 고쳐 문장을 다시 쓰세요.

01 I have been in New York last year.
작년(에)

⇨ I was in New York last year.

02 She wrote books in Busan since last year.

⇨ ______________________________

03 He has seen his friend last week.

⇨ ______________________________

04 I didn't eat anything since this morning.

⇨ ______________________________

05 She has left for Italy three months ago.
leave for ~을 향해 떠나다

⇨ ______________________________

06 David has lived there a long time ago.

⇨ ______________________________

07 I have cut my finger yesterday.
손가락

⇨ ______________________________

08 I have eaten lunch an hour ago.

⇨ ______________________________

09 I didn't hear from him since yesterday.

⇨ ______________________________

10 I have played tennis a week ago.

⇨ ______________________________

11 I have come here at 5 p.m.

⇨ ______________________________

12 I have gone shopping with my sister last week.

⇨ ______________________________

13 I have bought a new smartphone yesterday.

⇨ ______________________________

Step 3 주어진 문장을 현재완료시제의 문장으로 바꿔 쓰세요.

01 He studied history for ten years. ⇨ He has studied history for ten years.

02 My sister grew up in Canada. ⇨ ____________________
grow up 자라다

03 I bought a new car. ⇨ ____________________

04 I take a shower. ⇨ ____________________
샤워하다

05 I arrived here. ⇨ ____________________

06 He ironed his shirt. ⇨ ____________________
다리미질하다

07 I lost my passport. ⇨ ____________________
여권

08 He went to Spain. ⇨ ____________________

09 She was in Russia. ⇨ ____________________

10 You told a lie to him. ⇨ ____________________
tell a lie 거짓말하다

11 They set the table for us. ⇨ ____________________
상을 차리다

12 We sat on the beach. ⇨ ____________________

중학교 내신 시험에 꼭 나오는 문법 요점 정리 | 현재완료시제와 과거시제의 비교

과거시제	(①)시제
구체적인 과거의 특정 시점을 나타냄	현재까지 지속되는 행동, 과거의 경험을 나타냄

● 과거의 특정 시점을 나타내는 단어는 (②)와 쓰일 수 없음

He has been in Korea in 2012. (X)
He was in Korea in 2012. (O)

● 현재완료시제와 쓰일 수 없는 부사 어구
last night, an hour ago, yesterday 등

① 현재완료 ② 현재완료시제

정답 및 해석은 **110쪽**에서 확인하세요!!

UNIT 01~05

진단평가 및 교내평가 대비 실전테스트

공부한 날 : 복습한 날 : 부모님 확인 :

UNIT 01 현재완료시제 UNIT 02 현재완료시제 용법 '완료, 계속' UNIT 03 현재완료시제 용법 '결과, 경험' UNIT 04 현재완료시제 의문문 UNIT 05 현재완료시제와 과거시제의 비교

01

다음 [보기]의 동사의 과거분사형을 고르세요.

[보기] go

① went ② goed
③ gone ④ going

02

다음 [보기]의 말을 표에 맞게 분류해 쓰세요.

[보기] sang, been, sung, was, were

과거형	과거분사형

03

다음 그림을 참고하여, 우리말 해석과 같도록 빈칸에 주어진 알파벳으로 시작하는 말을 쓰세요.

I have b__________ to America.
나는 미국에 가본 적이 있다.

04

원형-과거형-과거분사형이 바르게 짝지어지지 않은 것을 고르세요.

	원형	과거형	과거분사형
①	meet	met	met
②	tell	told	told
③	pay	paid	paid
④	take	took	took

05

다음 빈칸에 들어갈 말로 알맞은 것을 고르세요.

__________ long have you run?

① When ② How ③ What ④ Why

06

다음 그림을 참고하여 우리말 해석과 같도록 빈칸에 알맞은 단어를 쓰세요.

I have studied English __________ July.
나는 7월 이후로 영어를 공부해 왔다.

07

문장이 완성되도록 알맞게 연결하세요.

① Have you ever • • ⓐ the president?
② Has she met • • ⓑ chicken soup?
③ Have you eaten • • ⓒ been abroad?

08

다음 중 현재완료시제의 '경험' 용법 문장 두 개를 고르세요.

① We've already met.
② I have seen this movie.
③ They've left the house.
④ I've been there three times.

[09~10] 다음 우리말 해석과 같도록 빈칸에 알맞은 단어를 쓰세요.

09

• I haven't read the book __________.
[나는 아직 그 책을 읽지 않았다.]

10

• They have __________ returned home.
[그들은 막 집에 돌아왔다.]

11

다음 문장이 현재완료시제의 어떤 용법인지 쓰세요.

• I haven't seen her before. (   )
• She has lost her watch. (   )
• I have known her for two years.
(   )
• She has just arrived here. (   )

12

다음 그림을 참고하여 우리말 해석과 같도록 빈칸에 알맞은 말을 쓰세요.

A: __________ __________ have you taken swimming lessons?
[너는 얼마나 오래 수영 레슨을 받았니?]
B: I have learned swimming __________ last summer.
[나는 지난 여름 이후로 수영을 배워왔어.]

[13~14] 다음 글자들을 배열하여 우리말 해석과 같도록 빈칸에 알맞은 단어를 쓰세요.

13

L A R A D E Y

I have __________ had dinner.
[나는 이미 저녁을 먹었다.]

UNIT 01~05 실전테스트

14

O B R F E E

We have been in a farm ___________.
[우리는 전에 농장에 가본 적이 있다.]

[15~16] 우리말 해석과 같도록 괄호 안의 말을 활용하여 빈칸에 쓰세요.

15

I ______________ my bike. (lose)
[나는 자전거를 잃어버렸다.(그래서 지금 자전거가 없다.)]

16

She ___________ ___________ a nurse for three years. (be)
[그녀는 3년 동안 간호사로 일하고 있다.(그리고 지금도 계속 일하고 있다.)]

[17~18] 우리말 해석과 같도록 빈칸에 알맞은 철자를 쓰세요.

17

It has j ☐ ☐ t started to rain.
[방금 비가 내리기 시작했다.]

18

He has been ill ☐ o ☐ a week.
[그는 일주일 동안 아팠다.]

19

다음 그림을 보고, 빈칸에 들어갈 알맞은 단어를 고르세요.

M: Have you ___________ seen a dolphin?
W: Yes, I have.

① just ② yet ③ ever ④ ago

[20~24] 밑줄 친 부분에 유의하여 우리말로 해석하세요.

20

He <u>has been</u> to America before.

⇨ ______________________________

21

He <u>has gone</u> to America.

⇨ ______________________________

22

Tom hasn't come back <u>yet</u>.

⇨ ______________________________

23

How long have you lived here?

⇨ ______________________________

24

Have you ever seen a giraffe?

⇨ ______________________________

25

다음 [보기]의 밑줄 친 부분과 용법이 같은 것을 고르세요.

[보기] I have never heard of it before.

① My father has just come home.
② It has been fine since last week.
③ He has left the party.
④ She has visited Canada many times.

26

다음 그림의 상황에 맞게 빈칸에 들어갈 알맞은 말을 [보기]에서 골라 쓰세요.

[보기] when how just for since

W: __________ long have you played baseball?

M: I have played baseball __________ two years.

[27~28] 다음 문장에서 밑줄 친 부분을 바르게 고쳐 쓰세요.

27

She has been in Korea in 2012.

⇨ ______________________________

28

I have studyed English for a week.

⇨ ______________________________

[29~30] 다음 단어들을 순서에 맞게 배열하여 문장을 완성하세요.

29

(gone / He / to France / has).

⇨ ______________________________

30

(have / known / a / time / him / I / for / long).

⇨ ______________________________

UNIT 01~05 실전테스트

UNIT 06

동명사의 역할과 동명사 만들기

공부한 날 : 복습한 날 : 부모님 확인 :

동사란 동작을 나타내는 말이라고 배웠죠? 이러한 동사를 명사처럼 쓸 수도 있어요.
동사의 의미를 가지지만 문장에서는 명사의 역할을 하는 동명사를 쓰면 됩니다.

그럼, 동명사는 어떻게 만들까요?
동사의 뒤에 -ing를 붙이면 된답니다. 그리고 '~하는 것', '~하기'로 명사처럼 해석해요.
예를 들어, watch TV(TV를 보다)가 watching TV로 바뀌면 'TV를 보는 것', 'TV 보기', eat vegetables(채소를 먹다)가 eating vegetables로 바뀌면 '채소를 먹는 것', '채소 먹기'로 해석이 됩니다.

그럼 동명사는 문장의 어디에 들어갈 수 있을까요? 위에서 말했듯이 동명사는 명사의 역할을 하기 때문에 명사 대신 여러 자리에 들어갈 수 있어요. 동명사가 들어갈 곳은 주어 자리, 목적어 자리, 보어 자리 이렇게 세 곳이랍니다.

주어 역할

Listening to music is so fun. 음악을 듣는 것은 매우 재미있다.

보어 역할

My hobby is listening to music. 나의 취미는 음악을 듣는 것이다.

목적어 역할

I enjoy listening to music. 나는 음악을 듣는 것을 즐긴다.

어때요? 문장에서 서로 다른 자리에 있지만 모양과 해석은 같습니다.

동명사의 특징 중 시험에 자주 나오는 것을 알려드릴게요. 꼭 알아두세요.

주어 역할을 하는 동명사는 단수 취급하기 때문에 뒤에 오는 동사가 항상 3인칭 단수형이어야 해!

Listening to music is so fun. 음악을 듣는 것은 매우 재미있다.
Watching too much TV is bad for your eyes. TV를 너무 많이 보는 것은 네 눈에 안 좋다.

여기서 추가로 알아 두어야 할 것이 있어요. 전치사 뒤에는 명사가 와야 한다는 것을 기억하나요? 예를 들면 in the room, on the wall, at the library처럼 말이에요. 마찬가지로 명사 역할을 하는 동명사도 전치사 뒤에 올 수 있다는 것, 꼭 기억하세요!

I'm good at riding a bicycle. 나는 자전거 타기를 잘한다.

잠깐! 동명사를 만들 때는 위에서 말한 것처럼 동사에 -ing만 붙이면 되는 경우가 대부분이지만, 예외적인 경우도 있으므로 동명사를 만드는 다음 법칙을 잘 기억해 두세요.

대부분의 경우	동사원형에 -ing를 붙입니다. 예) read + -ing → reading sing + -ing → singing
-e로 끝나는 동사	-e를 빼고 -ing를 붙입니다. 예) come: com + -ing → coming ride: rid + -ing → riding
-ie로 끝나는 동사	-ie를 y로 바꾸고 -ing를 붙입니다. 예) die: dy + -ing → dying lie: ly + -ing → lying
단모음 + 단자음 으로 끝나는 동사	마지막 자음을 하나 더 쓰고 -ing를 붙입니다. 예) run: runn + -ing → running stop: stopp + -ing → stopping

UNIT 06

연습문제

문제를 풀고 녹음 파일을 따라 읽고 연습하세요. MP3 6권 본문 UNIT 06
정답 및 해석 p. 110

초777_6_p6

Step 1 동사를 동명사 형태로 바꾸어 쓰세요.

01 cry ⇨ crying
02 die (죽다) ⇨ ________
03 eat ⇨ ________
04 fall (떨어지다) ⇨ ________

05 hit ⇨ ________ 06 lie ⇨ ________
때리다, 치다 / 눕다

07 ride ⇨ ________ 08 stop ⇨ ________
멈추다

09 think ⇨ ________ 10 write ⇨ ________
생각하다

Step 2 밑줄 친 동명사가 문장에서 주어, 보어, 목적어 중 어떤 역할을 하는지 쓰세요.

01 My dream is becoming a teacher. (꿈) ……… (보어)

02 Riding a horse is not difficult. ……… ( )

03 The boy enjoys keeping a diary in English. (즐기다 / keep a diary 일기를 쓰다) ……… ( )

04 My father likes watching movies. ……… ( )

05 My sister's hobby is making dolls. ……… ( )

06 The baby didn't stop crying. ……… ( )

07 She is not good at swimming. ……… ( )

08 Studying English is very important. (중요한) ……… ( )

09 Her habit is getting up early every day. (습관) ……… ( )

10 Jogging is good for your health. (건강) ……… ( )

Step 3 문장에서 틀린 부분을 찾아 고쳐 쓰세요.

01 I like listen to music.

listen → listening

02 He enjoys play with balloons. (풍선)

____

03 I can't stop walk.

____

04 Tom finished do his homework.

____

05 Climb mountains is not easy for them.
오르다, 올라가다 산

____

06 My hobby is read a book.

____

07 I love eat sandwiches.

____

08 Write is a hard work.
어려운, 힘든

____

09 Today's homework is draw pictures.

____

10 Ann is good at sing a song.

____

UNIT 06

중학교 내신 시험에 꼭 나오는 문법 요점 정리 | 동명사의 역할과 동명사 만들기

- 동명사는 (①)의 의미를 가지지만 문장에서는 (②)의 역할
- 명사처럼 '~하는 것', '~하기'로 해석
- 동명사의 형태는 「(③)」
- 동명사는 문장에서 주어, 목적어, 보어 역할
- 동명사는 명사 역할을 하기 때문에 (④) 뒤에도 위치

동명사 만드는 법칙	
대부분의 경우	동사원형 + -ing
-e로 끝나는 동사	-e를 빼고 + -ing
-ie로 끝나는 동사	-ie를 y로 바꾸고 + -ing
단모음 + 단자음으로 끝나는 동사	마지막 자음을 하나 더 쓰고 + -ing

① 동사 ② 명사 ③ 동사원형 + -ing ④ 전치사

UNIT 07

동명사와 함께 쓰는 동사들

공부한 날 : 복습한 날 : 부모님 확인 :

'동명사'는 '동사'의 성질을 띠지만 사실은 '명사'의 역할을 하는 친구란다~

「동사원형+-ing」의 형태를 취하고, 문장에서 주어, 목적어, 보어 역할을 한다는 건 앞에서 배워 잘 기억하고 있지?

'동명사'는 '동사'를 '명사'의 형태로 바꿔서 쓴다고 생각하면 돼요. 그럼, 왜 가만히 있는 동사를 명사로 바꿔 쓰냐구요? 한 문장 안에서 주어와 동사는 딱 한 번씩만 써야 하는데, 동사를 두 번 써야 하는 경우도 있거든요. 그때 두 번째 동사에 -ing를 붙여서 '동명사'로 바꾸어 쓰는 것이지요.

한 문장에서 '주어'와 '동사'는 한 번만 써야 하는 걸 몰랐네.
그럼 '나는 TV 보는 것을 즐긴다.'를 I enjoy watch TV. 로 쓰면 안 된다는 거지?

응, enjoy와 watch를 둘 다 쓸 수 없으니까 두 번째 동사에 -ing를 붙여서 동명사로 만든 후, I enjoy watching TV. 로 써야 해.

동명사는 문장에서 '~하는 것', '~하기'로 해석이 된답니다. 그렇다면 동사 뒤에 또 다른 동사를 쓰고 싶을 때는, 무조건 동명사를 써야 하는 걸까요? 꼭 그렇지는 않아요. 다음에 배울 'to부정사'를 써야만 하는 경우도 있고, 동명사랑 to부정사 둘 중 하나를 골라 쓸 수도 있어요. 하지만 이번에는 동명사를 두 번째 동사 자리, 그 중에서도 목적어 자리에 꼭 써야 하는 동사를 공부하기로 해요.

꼭 '동명사' 친구만 좋아하는 동사들이 따로 있구나?

그렇지~ 조금 복잡해 보이겠지만 '동명사를 목적어로 취하는 동사' 중에서 자주 쓰이는 것을 암기해 놓으면 영어 공부에 훨씬 도움이 되겠지?

동명사를 목적어로 취하는 동사(구) = 뒤에 동명사가 따라오는 동사

enjoy	즐기다	finish	끝내다	mind	꺼려하다
give up	포기하다	keep	계속 하다	practice	연습하다

위의 동사 이외에도 동사 뒤에 동명사가 와서 자주 쓰이는 유용한 표현들이 있어요.

go + -ing	~하러 가다
look forward to + -ing	~을 고대하다, 기대하다
How[What] about + -ing	~하는 것은 어때?

Daniel finished cleaning his room.
Daniel은 자기 방 청소하는 것을 끝냈다.

How about playing computer games together?
같이 컴퓨터 게임을 하는 건 어때?

My mom and I will go shopping tomorrow.
나의 엄마와 나는 내일 쇼핑하러 갈 것이다.

I look forward to meeting you again.
나는 너와 다시 만날 것을 기대한다.

UNIT 07

연습문제

문제를 풀고 녹음 파일을 따라 읽고 연습하세요. MP3 6권 본문 UNIT 07
정답 및 해석 p. 110

초777_6_p7

Step 1 괄호 안의 알맞은 단어에 ○표 하세요.

01 He enjoys (to drive / driving) a car.

02 How about (take / taking) a walk together?
take a walk 산책하다

03 She went (to swim / swimming) every day.

04 I was looking forward to (watch / watching) movies.

05 Mary finished (to do / doing) her homework.

06 Don't give up (keep / keeping) a diary in English.

07 Would you mind (to turn / turning) down the volume?
turn down ~을 줄이다 볼륨, 음량

08 She practices (playing / play) the flute every day.
플루트

09 Tom is interested in (learn / learning) Korean.
be interested in ~에 관심이 있다

10 He enjoyed (telling / tell) me an old story.

Step 2 우리말 해석과 같도록 괄호 안의 동사를 빈칸에 알맞은 형태로 바꿔 쓰세요.

01 패스트푸드를 너무 많이 먹는 것은 건강에 좋지 않다.

⇨ Eating too much fast food is not good for your health. (eat)

02 그의 일은 건물을 청소하는 것이다.

⇨ His work is ______________ the building. (clean)

03 늦어서 죄송합니다.

⇨ I am sorry for ______________ late. (be)
늦은

04 괜찮으시다면 소방서로 가는 길을 가르쳐 주실 수 있나요?

⇨ Would you mind ______________ me the way to the fire station? (show)
소방서

05 저녁 같이 먹는게 어때?

⇨ How about ______________ dinner together? (have)

06 그는 결승선까지 달리는 것을 포기하지 않았다.

⇨ He didn't give up ______________ to the finish line. (run)
결승선

Step 3 문장의 밑줄 친 부분을 바르게 고쳐 쓰세요.

01 I am looking forward to buy a new phone.

⇨ buying

02 He gave up solve the problem.

⇨ ______________

03 I don't mind lose some points in the game.
점수, 포인트

⇨ ____________________

04 Mary enjoys spend money in the department store.
백화점

⇨ ____________________

05 I will keep write my book.

⇨ ____________________

06 She finished clean her room.

⇨ ____________________

Step 4 밑줄 친 부분에 유의해서 다음 문장을 우리말로 해석하세요.

01 He enjoys reading books. ⇨ 그는 책 읽는 것을 즐긴다.

02 She is looking forward to seeing this movie. ⇨ ____________________

03 Jiah doesn't mind eating vegetables. ⇨ ____________________

04 I finished washing the dishes. ⇨ ____________________

05 Jack practiced swimming after school. ⇨ ____________________

06 She went fishing with her father. ⇨ ____________________

07 They gave up leaving for France. ⇨ ____________________

08 How about staying with us? ⇨ ____________________
머무르다

중학교 내신 시험에 꼭 나오는 문법 요점 정리 | 동명사와 함께 쓰는 동사들

- 동명사는 (①)의 의미 + (②)의 역할
- (③) 자리에 꼭 동명사를 취하는 동사(구)
  enjoy, finish, mind, give up, keep, practice, look forward to, how about, go+-ing
- (④) 뒤에도 동명사를 씀

① 동사 ② 명사 ③ 목적어 ④ 전치사

UNIT 07

UNIT 08

to부정사의 역할과 to부정사 만들기

공부한 날 : 복습한 날 : 부모님 확인 :

to부정사? to를 부정한다는 뜻인가?

내 그럴 줄 알았지! 부정한다는 게 아니라, 정해지지 않았다는 뜻이야~
한마디로 to부정사가 하는 역할이 꼭 한 가지로 정해지지 않았다는 거지!

앗, 그럼 not이 들어가는 문장처럼 부정적인 게 아니었구나!

응! 문장 안에서 to부정사가 하는 여러 가지 용법은
다음 unit에서 자세히 공부할 거야!

'to부정사'는 '동사'를 다른 품사의 형태로 바꿔서 쓰는 친구라고 생각하면 돼요.
그럼, 왜 가만히 있는 동사를 다른 품사로 바꿔서 쓰냐구요? 왜냐하면 하나의 문장에서 주어와 동사는 딱 한 번씩만 써야 하기 때문이에요. 하지만 동사를 두 번 써야 하는 경우도 있는데, 이때 두 번째 동사의 첫머리에 to를 놓아서 'to부정사'로 둔갑시켜 데려오는 것이지요. 앞에서 배웠던 동명사랑 같은 개념이라고 생각하면 된답니다.

한 문장에서 '주어'와 '동사'는 한 번 밖에 쓸 수 없다는 거, 기억하고 있지?

응. '나는 TV를 보고 싶어'를 영어로 I want watch TV.라고 하면
안된다는 거잖아!

맞아! 동사가 두 번 연달아 오면 안 되기 때문에 두 번째 동사 앞에
to를 붙여 to부정사를 만드는 거지!

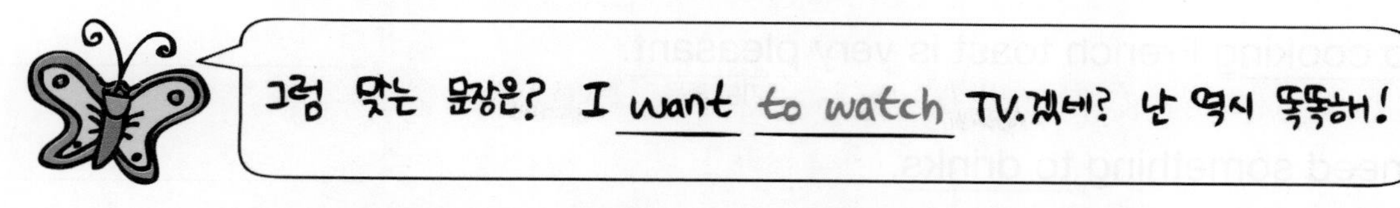

'to부정사'가 문장 안에서 하는 역할은 때에 따라 다르기 때문에 해석도 달라집니다. 'to부정사'의 여러 가지 용법은 다음 unit에서 자세히 배우도록 해요. 대신 이번 unit에서는 'to부정사'를 만드는 법과 to부정사가 여러 가지 역할을 할 수 있는 방법을 확실히 알아두세요.

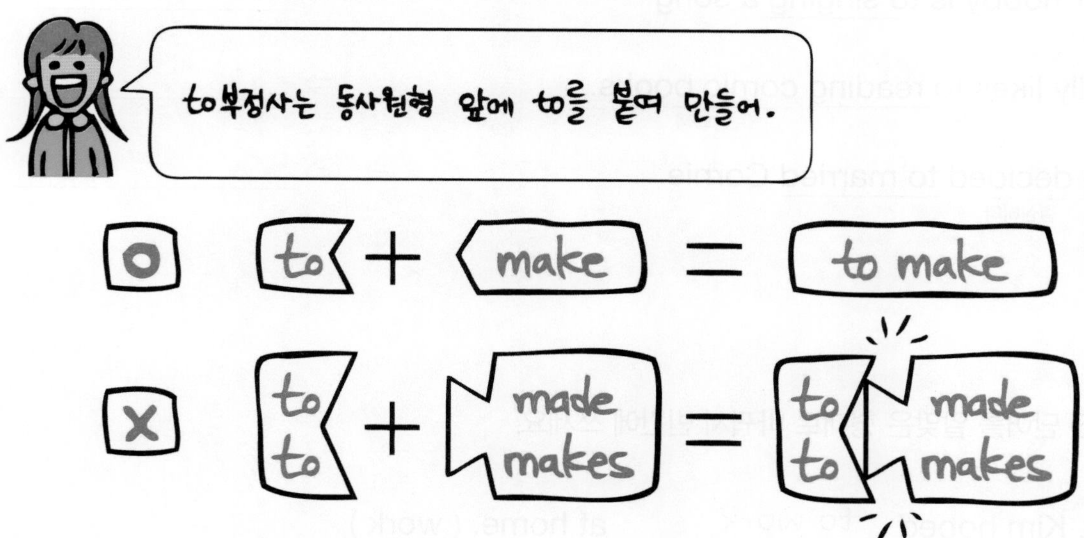

to 뒤에는 동사의 원래 모양인 동사원형이 와야 합니다. 그러나 과거형이나 3인칭 단수형은 올 수 없어요.

UNIT 08

연습문제

문제를 풀고 녹음 파일을 따라 읽고 연습하세요. MP3 6권 본문 UNIT 08
정답 및 해석 p. 110

초777_6_p8

Step 1 밑줄 친 부분을 to부정사로 고쳐 쓰세요.

01 Play the piano was fun. ⇨ To play

02 My teacher taught me how planting trees. ⇨ ____________
심다

03 Tommy didn't know what eating. ⇨ ____________

04 We planned to gone to America this winter. ⇨ ____________
~할 계획이다

05 My hobby is to playing badminton. ⇨ ____________

06 To cooking French toast is very pleasant. ⇨ ______________
기분 좋은

07 I need something to drinks. ⇨ ______________

08 Grace wanted to knew the answer. ⇨ ______________

09 Her hobby is to singing a song. ⇨ ______________

10 Sally likes to reading comic books. ⇨ ______________
만화책

11 He decided to married Cornie. ⇨ ______________
결심하다

Step 2 주어진 단어를 알맞은 형태로 바꿔서 빈칸에 쓰세요.

01 Mr. Kim hoped to work at home. (work)
희망하다, 바라다

02 The little kid wanted ______________ out and play soccer. (go)
아이

03 Kate wants ______________ a kite at the park. (fly)
연 날리다, 날다

04 After the meeting, he gave us something ______________. (eat)

05 It's time ______________ to sleep. (go)

06 Does she have anything ______________ for the trip? (bring)
여행 가지고 오다

07 Jessica was glad ______________ the violin with her friend. (play)

08 She knows the fastest way ______________ there. (get)

09 Mina got poor grades in math. She needs ______________ more. (study)
성적

10 He takes vitamin C ______________ healthy. (be)
비타민

11 They decided ______________ on a trip. (go)

12 Jim didn't want ______________ in the library. (read)

Step 3 우리말 해석과 같도록 괄호 안의 단어를 배열하여 문장을 완성하세요.

01 젓가락을 사용하는 것은 쉽지 않다. (use / To / easy / not / chopsticks / is)
젓가락

⇨ To use chopsticks is not easy.

02 영어를 공부하는 것은 재미있다. (fun / To / English / study / is)

⇨ ______________________

03 사진을 찍는 것은 나의 취미이다. (hobby / take / is / my / To / pictures)

⇨ ______________________

04 Mary는 그곳에 가기를 희망한다. (go / Mary / to / there / hopes)

⇨ ______________________

05 그는 더 큰 집을 지을 필요가 있다. (He / house / build / needs / a / to / larger)

⇨ ______________________

06 나는 너를 만나서 기쁘다. (glad / I / meet / to / am / you)

⇨ ______________________

07 그녀는 그를 곧 만나기를 원한다. (She / to / him / wants / meet / soon)
곧, 머지 않아

⇨ ______________________

08 그들은 강에서 수영하는 것을 좋아한다. (They / to / in / swim / the / like / river)

⇨ ______________________

중학교 내신 시험에 꼭 나오는 문법 요점 정리 | to부정사의 역할과 to부정사 만들기

- to부정사는 동사를 다른 품사의 형태로 바꿔 쓰는 것
- 한 문장에서 동사를 두 번 써야 하는 경우,
  (①) 동사의 첫머리에 (②)를 붙여 만듦
- to + (③)의 형태
  과거형이나 (④) 단수형은 올 수 없음

① 두 번째 ② to ③ 동사원형 ④ 3인칭

UNIT 09

to부정사의 용법 – 명사, 형용사, 부사

공부한 날 : 복습한 날 : 부모님 확인 :

'to부정사'가 to를 부정하는 역할이 아니었다는 것쯤은 기억하지?

당연하지! 문장 안에서 여러 품사의 역할을 할 수 있기 때문에 'to부정사'라고 하는 거잖아~

앗, 그럼 'to 부정사'는 8 품사의 역할을 전부 다~ 할 수 있는 건가?

그건 아니야~ '명사', '형용사', '부사'의 역할만을 할 수 있어!

'to부정사'는 문장에서 명사 자리에 오면 명사적 용법으로,
형용사 자리에 오면 형용사적 용법, 부사 자리에 오면 부사적 용법으로 쓰이는 마술사예요.

명사적 용법 주어, 목적어, 보어 역할

'~은, 는, 이, 가'로 해석하면 '주어'인 것 쯤은 알지?

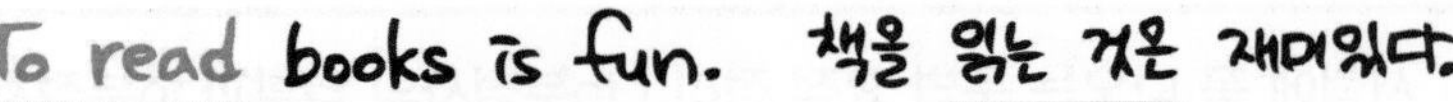

To read books is fun. 책을 읽는 것은 재미있다.

'~을, ~를'로 해석하면 '목적어'인 것 쯤도 알 테고?

I like to read books. 나는 책 읽는 것을 좋아한다.

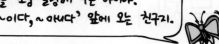

'보어'는 주어를 보충 설명해 주는 아이야. 해석하면, '~이다, ~아니다' 앞에 오는 친구지.

My hobby is to read books. 내 취미는 책을 읽는 것이다.

형용사적 용법 명사를 꾸미는 역할

이때의 to부정사가 하는 역할은 앞에 있는 명사를 꾸며 주는 것이지!

I need some water to drink. 나는 약간의 마실 물이 필요하다.

여기서처럼 명사를 꾸며 주며 '~할'로 해석해!

부사적 용법 목적, 원인

여기서 to study는 앞에 있는 'go(동사)'를 꾸며 주고, '~하기 위해'라고 해석해.

I go to school to study. 나는 공부하기 위해서 학교에 간다.

여기서 'to meet'은 앞에 있는 'glad(형용사)'를 꾸며주고, '~해서'라고 해석해!

I am glad to meet you. 나는 널 만나서 기쁘다.

부사적 용법은 이 외에도 몇 개가 더 있지만, 우리 친구들은 여기까지 확실히 공부해서 중학생이 되기 전 문법의 기초를 확실히 다지기로 해요.^^
지금까지 배운 to부정사의 용법을 정리했어요. 표를 통해 개념을 정확히 정리한 후 연습문제를 풀어 보아요.

명사적 용법	주어 역할	주로 문장의 제일 앞에 옴
	목적어 역할	주로 동사의 다음에 옴
	보어 역할	주로 be동사와 함께 옴
형용사적 용법	명사를 꾸미는 역할	'~할, ~하는'으로 해석
부사적 용법	목적	'~하기 위해'로 해석
	원인	'~해서'로 해석

UNIT 09

연습문제

문제를 풀고 녹음 파일을 따라 읽고 연습하세요. MP3 6권 본문 UNIT 09
정답 및 해석 p. 110

Step 1 밑줄 친 to부정사의 뜻과 문장에서 사용된 용법을 쓰세요.

01 I went to the flower shop to buy the plant. (flower shop: 꽃가게, plant: 식물) ⇨ 사기 위해서: 부사적 용법

02 They don't want to swim in this river. ⇨ ____________

03 I'm happy to give you some presents. ⇨ ____________

04 To study English is easy for me. ⇨ ____________

05 I'm sorry to say that. ⇨ ____________

06 He looked for something to eat. (look for ~을 찾다) ⇨ ____________

07 I'm lucky to have a good friend like you. (like: ~같은, ~처럼) ⇨ ____________

08 My dream is to be a director. ⇨ ____________

09 She has no friends to talk with. ⇨ ____________

10 You need to think about these problems. ⇨ ____________

Step 2 우리말 해석과 같도록 주어진 단어를 배열하세요.

01 그들은 그 동호회에 가입하기를 원했다. (the club / to / join) (club: 동호회, join: 가입하다)

⇨ They wanted to join the club.

02 나는 파스타 만드는 것을 좋아한다. (pasta / to / make)

⇨ I like ____________.

03 그는 컴퓨터를 발명한 최초의 인간이었다. (invent / to / man / first / the) (invent: 발명하다)

⇨ He was ____________ a computer.

04 그녀는 나에게 마실 것을 사 주었다. (to / something / drink)

⇨ She bought me ____________.

05 프랑스어는 배우기에 어렵다. (learn / hard / to)

⇨ French is ______________________________.

(French: 프랑스어)

06 Sarah는 그 소식을 듣고 매우 기뻤다. (hear / to / the / news)

⇨ Sarah was very glad ______________________________.

07 그들은 쉬기 위해 잔디에 앉았다. (rest / to)

(rest: 쉬다)

⇨ They sat on the grass ______________________________.

(grass: 잔디)

08 나는 앉을 의자가 필요했다. (to / on / sit)

⇨ I needed a chair ______________________________.

09 물 마시는 것은 매우 중요하다. (to / water / drink)

⇨ ______________________________ is very important.

10 내 취미는 자전거 타는 것이다. (ride / to / bicycle / a)

⇨ My hobby is ______________________________.

11 나는 배드민턴을 치기 위해 공원에 간다. (play / to / badminton)

⇨ I go to the park ______________________________.

12 그녀는 그녀의 체중을 줄이기 위해 조깅을 간다. (her / to / weight / lose)

(weight: 몸무게)

⇨ She goes jogging ______________________________.

13 나는 기차로 여행하는 것을 좋아한다. (by train / to / travel)

(by train: 기차로, travel: 여행하다)

⇨ I like ______________________________.

중학교 내신 시험에 꼭 나오는 문법 요점 정리 | to부정사의 용법 – 명사, 형용사, 부사

● to부정사의 용법

(①) 용법	주어 역할	주로 문장의 제일 앞에 옴
	목적어 역할	주로 동사의 다음에 옴
	보어 역할	주로 (②)와 함께 옴
(③) 용법	명사를 꾸미는 역할	'~할, ~하는'으로 해석
(④) 용법	(⑤)	'~하기 위해'로 해석
	(⑥)	'~해서'로 해석

① 명사적 ② be동사 ③ 형용사적 ④ 부사적 ⑤ 목적 ⑥ 원인

UNIT 10

to부정사와 함께 쓰는 동사들

공부한 날 : 복습한 날 : 부모님 확인 :

'to부정사'가 to를 부정하는 역할이 아니라, 「to+동사원형」의 형태를 띠면서 문장 속에서 명사, 형용사, 부사 역할을 한다는 것 기억하지?

응! 동사가 두 개 연달아 오지 못하니까 뒤에 오는 동사 앞에 to를 붙여 동사의 성질을 띠지만 실제 문장 속에서는 다른 역할을 하는 거잖아~!

맞았어! 저번에 '동명사'만을 목적어로 취하는 동사들을 배웠지만 오늘은 'to부정사'만을 목적어로 취하는 동사들을 배워 볼거야!

목적어로 'to부정사'만을? 그럼 이 동사들도 암기해야 겠구나!

한 문장에서 동사를 두 번 사용해야 할 경우, 두 번째 나오는 동사의 형태로 목적어 자리에 'to부정사'만을 취하는 동사들이 있어요. 주로 미래 지향적인 의미를 나타내는 동사들이죠. 꼭 암기하여 문장에서 알맞게 활용해 봐요.

to부정사를 목적어로 취하는 동사(구)

희망, 계획을 나타내는 동사(구)	**want, hope, wish, expect, would like, plan**
의도를 나타내는 동사	**decide, need, choose, agree**

예문으로 한 번 더 이해하고 암기해요!

Daniel wants to play computer games.
Daniel은 컴퓨터 게임을 하고 싶다.

I need to talk to my teacher first.
나는 나의 선생님과 먼저 이야기하는 것이 필요하다.

She is planning to go to America this summer.
그녀는 이번 여름에 미국에 갈 계획을 한다.

여기서 잠깐! 아직 끝이 아니야~
저번에 '동명사'만을 목적어로 취하는 동사를 배웠고,
이번 Unit에서는 'to부정사'만을 목적어로 취하는 동사를 각각 배웠지?
하지만 '동명사'와 'to부정사' 둘 중 아무거나 취하는 성격 좋은 동사도 있단다!

'동명사'와 'to부정사' 둘 다를 목적어로 취하는 동사

like	love	hate
start	begin	continue

좋아하고(like, love), 싫어하고(hate), 시작하고(start, begin), 계속하는(continue) 동사들입니다.

이 동사들은 목적어로 '동명사'와 'to부정사' 둘 다 데려올 수 있고, 동명사가 오든 to부정사가 오든 문장의 의미는 같답니다!

예문으로 한 번 더 이해하고 암기해요!

Erin loves to play the piano.
= Erin loves playing the piano.
Erin은 피아노 치는 것을 사랑한다.

It started to rain. = It started raining.
비가 오기 시작했다.

They continued to paint the wall.
= They continued painting the wall.
그들은 벽을 칠하는 것을 계속했다.

각각의 동사들을 모두 암기해서 영어 천재가 되어 보아요. ^^

연습문제

문제를 풀고 녹음 파일을 따라 읽고 연습하세요. MP3 6권 본문 UNIT 10
정답 및 해석 p. 110

UNIT 10

Step 1 괄호 안에서 알맞은 단어에 ○표 하세요.

01 (To feel / To feeling) sleepy after lunch is normal.
졸리운 / 정상적인, 일반적인

02 She has many books (to read / reading).

03 Andy needed (to drink / drinking) water.

04 I expect (to meet / meeting) her again someday.
기대하다 / 언젠가

05 Mary liked (played / playing) tennis after school.

06 My sister hopes (to get / getting) some flowers.

07 He decided (to be / being) a police officer in the future.
경찰관

08 Tom hates (learn / learning) French.

09 (To fix / Fixed) the machine was not easy.

10 I wish (to travel / traveling) alone.
바라다

11 I would like (to live / living) in this town.

12 I chose (to take / taking) a bus.

Step 2 주어진 동사를 알맞은 형태로 바꿔서 빈칸에 쓰세요.

01 They want ___to buy___ a new house in the city. (buy)
도시

02 We plan ______________ shopping this weekend. (go)

03 She decided ______________ her cell phone. (sell)
휴대전화

04 Dennis wished ______________ outside. (play)

05 He agreed ______________ our club. (join)
동의하다

06 When did they start ______________ robots? (make)

07 Do you like ______________ in the sea? (swim)

08 I hope ______________ the mid-term exam. (pass)
중간고사

09 What do you want ______________ in the future? (be)
미래

10 He has a lot of homework ______________. (do)

11 My sister loves ______________ on the stage. (dance)
무대

12 Students continued ______________ a song. (sing)

13 My dad chose ______________ the bathroom. (clean)
화장실

14 What time do you expect ______________ home? (be)

15 I hate ______________ that red coat. (wear)

Step 3 문장에서 틀린 부분을 찾아 바르게 고쳐 쓰세요.

01 I would like thank you. thank → to thank

02 We expect staying in New York. ______

03 I plan writing novels. ______
(novels: 소설)

04 I decided saving more money. ______
(saving: save 절약하다)

05 He hopes getting good grades. ______

06 I need get a good job. ______

07 I decided buy a used car. ______
(used car: 중고차)

Step 4 [보기]에서 '동명사'와 'to부정사' 둘 다를 목적어로 취하는 동사를 모두 찾아 순서대로 쓰세요.

[보기] want / hope / wish / ~~start~~ / expect / decide / agree / hate / need / plan / continue / like / choose / love / would like / begin

01 start

02 ______

03 ______

04 ______

05 ______

06 ______

중학교 내신 시험에 꼭 나오는 문법 요점 정리 | to부정사와 함께 쓰는 동사들

● to부정사만을 목적어로 취하는 동사

주로 (①   )인 의미

희망, 계획을 나타내는 동사(구)	(②), hope, wish, expect, would like, plan
(③)를 나타내는 동사	decide, need, choose, agree

● 동명사와 to부정사 둘 다를 목적어로 취하는 동사

start, begin, like, love, hate, (④   )

① 미래 지향적 ② want ③ 의도 ④ continue

UNIT 10

UNIT 06~10

진단평가 및 교내평가 대비 실전테스트

공부한 날 : 복습한 날 : 부모님 확인 :

UNIT 06 동명사의 역할과 동명사 만들기 UNIT 07 동명사와 함께 쓰는 동사들 UNIT 08 to부정사의 역할과 to부정사 만들기
UNIT 09 to부정사의 용법 – 명사, 형용사, 부사 UNIT 10 to부정사와 함께 쓰는 동사들

[01~05] 다음 빈칸에 들어갈 말을 [보기]에서 골라 알맞은 형태로 바꿔 쓰세요.

[보기] play, open, do, collect, watch

01

I enjoy __________ baseball after school.

02

He decided __________ his homework first.

03

She likes __________ a Korean TV show.

04

My hobby is __________ stamps.

05

Would you mind __________ the window?

[06~10] 다음 취미 활동에 대한 표를 보고 빈칸에 알맞은 말을 써서 문장을 완성하세요.

	Sally	Ken	Tom	Jane	Jinho
listen to music	v		v		
read books	v	v			
watch TV			v		v
play soccer				v	v

06

Sally enjoys __________ to music and __________ books.

07

Ken likes to __________ books.

08

Tom's hobbies are __________ to music and __________ TV.

09

Jane's hobby is __________ soccer.

10

Jinho enjoys ___________ TV and ___________ soccer.

[11~15] 다음 그림을 보고, 우리말 해석과 같도록 주어진 단어를 알맞은 형태로 바꿔 쓰세요.

11

우리는 꽃을 키우기 시작했다. (grow)

⇨ We started ___________ flowers.

12

난 저녁 식사로 태국 음식을 먹기를 선택했다. (eat)

⇨ I chose ___________ Thai food for dinner.

13

학생들은 버스로 박물관에 갈 계획을 세웠다. (go)

⇨ Students planned ___________ to the museum by bus.

14

그녀는 1등 하기를 희망했다. (win)

⇨ She hoped ___________ first prize.

15

축구하는 것은 무척 재미있다. (play)

⇨ ___________ soccer is so fun.

UNIT 06~10 실전테스트

[16~20] 다음 두 문장을 to부정사를 이용하여 한 문장으로 만드세요.

16

I have a dream.
It is to make a beautiful world.

⇨ My dream ______________________.

17

She has a computer.
She uses it to play games.

⇨ She uses her computer ______________.

18

I studied hard.
I wanted to pass the exam.

⇨ I studied hard ____________________.

19

Tom goes to the library.
Tom wants to borrow some books.

⇨ Tom goes to the library ______________
________________.

20

I bought a dictionary.
I wanted to study Japanese.

⇨ I bought a dictionary ______________.

[21~25] 다음 문장의 밑줄 친 to부정사의 용법을 [보기]에서 골라 쓰세요.

> [보기] 명사적, 형용사적, 부사적

21

They don't have a house <u>to live</u> in.

____

22

I am sorry <u>to hear</u> the bad news.

____

23

He wants <u>to buy</u> a new watch.

____

24

It is time <u>to say</u> good-bye.

____

25

<u>To swim</u> here is dangerous.

____

[26~27] 다음 두 문장의 뜻이 같도록 빈칸에 알맞은 단어를 쓰세요.

26

Dan loves to play with his dog.

= Dan loves ___________ with his dog.

27

They started putting up the tent.

= They started ___________ up the tent.

[28~30] 다음 그림을 보고, 우리말 해석과 같도록 주어진 단어들을 바르게 배열하세요.

28

그녀의 직업은 수학을 가르치는 것이다.

(to / is / teach / job / Her / math).

⇨ ___________________________

29

그는 사진 찍는 것을 즐긴다.

(enjoys / He / pictures / taking).

⇨ ___________________________

30

나는 너를 파티에 초대하고 싶다.

(to the party / I / would like / to / invite / you).

⇨ ___________________________

UNIT 11

관계대명사

공부한 날 : 복습한 날 : 부모님 확인 :

'관계대명사'는 두 문장을 연결해 주는 '접속사'의 역할과 앞 문장의 단어를 가리키는 '대명사'의 역할을 동시에 한답니다!

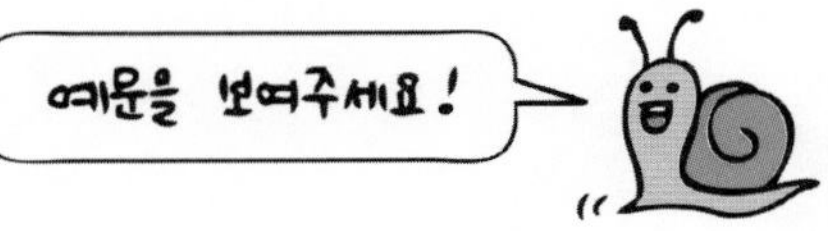
예문을 보여주세요!

I know the girl who won the race.
나는 경주에서 우승한 그 소녀를 알아.

관계대명사 who가 쓰인 이 문장은 원래 두 개의 문장이었어요. 그런데 어떻게 한 개로 합쳐졌을까요?

I know the girl. + She won the race. ⇨ I know the girl [who won the race.]
나는 그 소녀를 안다. (She: 주어) 그녀는 그 경주에서 이겼다. (the girl: 선행사, who: 관계대명사)

She는 앞 문장의 the girl을 가리켜요. 두 문장을 합치면서 관계대명사를 쓰는데, 왜 하필 who를 썼을까요? 그건 선행사(앞에 나온 말)로 쓰인 the girl이 사람이기 때문이죠. 선행사가 사람이냐, 사물이냐에 따라 관계대명사 형태가 달라지거든요.

다음 표를 보고 관계대명사가 선행사에 따라 어떻게 달라지는지 살펴보기로 해요.

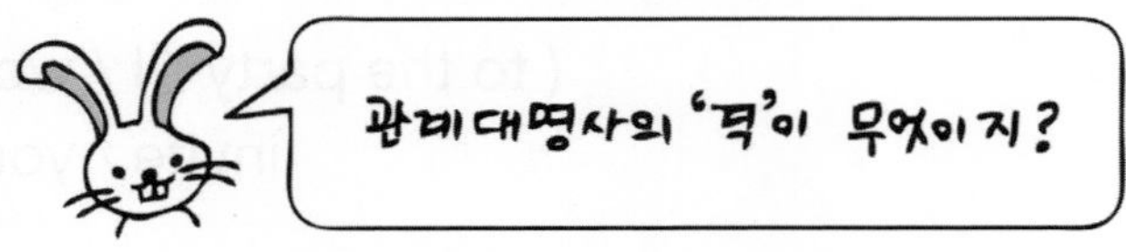
관계대명사의 '격'이 무엇이지?

관계대명사가 문장 속에서 주어 역할을 하는지, 목적어 역할을 하는지, 소유격 형용사 역할을 하는지에 따라 쓰이는 관계대명사 형태가 달라지는거야~!

관계대명사의 종류			
선행사 \ 격	주격	소유격	목적격
사람	who	whose	who(m)
사물, 동물	which	whose[of which]	which
사람, 사물, 동물	that	–	that

관계대명사에서 중요한 건 '격'과 '선행사'구나!

관계대명사는 크게 4가지가 있군! 생각보다 간단한 걸!

연습문제

문제를 풀고 녹음 파일을 따라 읽고 연습하세요. MP3 6권 본문 UNIT 11
정답 및 해석 p. 111

초777_6_p11

Step 1 문장을 읽고, 관계대명사에 ○표 하세요.

01 Mr. Smith had lunch with the man (who) is humorous.
재미있는

02 I know the girl who dances very well.

03 This is the book which is about science.

04 Kelly has some photos that I took.

05 I saw a man whose hair was red.

06 They are the students whom Ms. Kim taught.

Step 2 문장을 읽고, 선행사에 ○표 하세요.

01 Mr. Smith had lunch with (the man) who is humorous.

02 I know the girl who dances very well.

03 This is the book which is about science.

04 Kelly has some photos that I took.

05 I saw a man whose hair was red.

06 They are the students whom Ms. Kim taught.

Step 3 괄호 안에서 알맞은 단어에 ○표 하세요.

01 You can see the boy (who / which) is in the classroom.

02 I'm wearing the cap (who / which) my grandfather left.

03 The boy (who / which) broke the vase ran away.
run away 도망가다

04 Mary was wearing a shirt (who / which) was too big for her.

05 I don't like movies (who / which) have unhappy endings.
불행한

06 She has a son (who / which) is a writer.

07 Once upon a time there lived a prince (which / whose) name was Brave.
옛날 옛날에 / 왕자

08 I love O. Henry (who / which) wrote *The Last Leaf*.

09 I met Erin (who / which) invited me to her birthday party.
초대하다

10 She bought some bread (who / which) was delicious.

11 I know the man (who / whose) name is Chris.

12 He is my friend (who / which) helps me a lot.

13 Sam has two dogs (whom / which) are brown.

14 I bought a bottle of wine (who / that) is from France.
be from ~ 출신이다, ~에서 오다

UNIT 11

Step 4 밑줄 친 부분이 문법에 맞으면 ○표, 틀리면 ×표 하세요.

01 The girl who is writing a letter is Ann. (O)

02 We are living in a world which is full of wonderful things. ( )
be full of ~로 가득차 있다

03 Tommy is a healthy boy which enjoys every sport. ( )
healthy 건강한

04 I like the skirt which Jessica is wearing. ( )

05 The cake whom he made himself at home was very delicious. ( )

06 My teacher has a son which hobby is raising turtles. ( )
raise 기르다 turtle 거북

07 He is the teacher who taught me English. ( )

08 Jack who is lying on the beach is my best friend. ( )
lie 눕다

09 I like dogs who are friendly with people. ( )

10 Jane cannot understand her classmates who make fun of her. ( )
make fun of ~을 놀리다

11 They like the animal that eats grass. ( )
grass 풀

12 He invented a machine who can read people's mind. ( )
invent 발명하다 mind 마음, 생각

중학교 내신 시험에 꼭 나오는 문법 요점 정리 | 관계대명사

● **관계대명사의 역할**

문장을 연결해 주는 (①)의 역할과 앞 문장의 단어를 가리키는 대명사의 역할

● **관계대명사의 종류**

선행사 \ 격	주격	소유격	목적격
사람	(②)	(③)	who(m)
사물, 동물	(④)	whose[of which]	(⑤)
사람, 사물, 동물	that	–	(⑥)

● **관계대명사의 격**

문장 속에서의 역할에 따라 관계대명사 형태가 달라진다.

주어 역할 – (⑦) / 목적어 역할 – 목적격 / 소유격 형용사 역할 – 소유격

① 접속사 ② who ③ whose ④ which ⑤ which ⑥ that ⑦ 주격

UNIT 12

관계대명사 '주격'

공부한 날 : 복습한 날 : 부모님 확인 :

관계대명사가 무엇인지 배웠으니까 이번에는 각각의 관계대명사가 하는 역할을 공부해 보자고!
그 중에서 관계대명사 '주격'을 먼저 공부해 볼까?

Look at the boy who is dancing!
춤추고 있는 저 소년을 봐!

위의 문장에서 관계대명사를 찾을 수 있나요? 그럼, 그 관계대명사가 하는 역할이 무엇인지 볼까요?

Look at the boy. + The boy is dancing. ⇨ Look at the boy who is dancing.

그 소년을 봐. / 그 소년이 춤을 추고 있다. (The boy: 주어 / the boy: 선행사 / who: 관계대명사)

두 문장을 합쳐 한 문장으로 만드는 과정에서 관계대명사 who를 썼어요. 그 이유, 기억나세요? 바로 선행사로 쓰인 명사 the boy가 사람이기 때문이죠. 그렇지만 선행사가 사람이라고 해서 꼭 who가 나오는 건 아니에요. 두 문장에 있던 똑같은 단어 the boy가 원래 문장에서 주어 역할을 했기 때문에 주격 관계대명사를 쓴 거랍니다.

뭐라고? 무슨 말인지 너무 어려워!

그러니까 앞에 나왔던 관계대명사 표를 꼭 외워야 하는 거야~

그런데 왜 똑같이 생긴 관계대명사를 쓰면 안 되는 거지?

우리가 사용하는 접착제도 종이를 붙일 때, 나무를 붙일 때, 쇠를 붙일 때
쓰는 종류가 달라. 그것과 같은 이치라고 생각하면 돼.
영어의 관계대명사는 선행사로 무엇이 쓰였는지도 봐줘야 하지만
관계대명사 뒤에 동사가 바로 오는지, 명사가 오는지, '주어+동사'가 오는지도 봐줘야 해.

이번엔 선행사가 사람이 아닌 경우의 예문을 한 번 살펴 보기로 해요.

This is the pencil. + The pencil is long. ⇨ This is the pencil which is long.

(The pencil: 주어 / the pencil: 선행사 / which: 관계대명사)

이것은 연필이다. 그 연필은 길다. 이것은 긴 연필이다.

연습문제

문제를 풀고 녹음 파일을 따라 읽고 연습하세요. MP3 6권 본문 UNIT 12
정답 및 해석 p. 111

초777_6_p12

Step 1 관계대명사를 이용하여 두 문장을 한 문장으로 연결하세요.

01 This store sells tasty bread. / The bread was made by my dad.
(tasty: 맛 좋은)

⇨ This store sells tasty bread which[that] was made by my dad.

02 She has a white watch. / The watch is very big.

⇨ ______

03 I have a friend. / He lives in America.

⇨ ______

04 This is the dog. / It barked at my neighbor last night.
(neighbor: 이웃 사람)

⇨ ______

05 My father made the movie. / The movie became famous.

⇨ ______

06 I looked at the picture. / The picture was on the wall.

⇨ ______

07 She went to Washington D.C. / It is the capital of the US.
수도

⇨ ____________________

08 We bought a bicycle. / The bicycle was blue and fast.

⇨ ____________________

09 I met a friend of yours. / She worked at the bank.

⇨ ____________________

10 The dog is chasing a butterfly. / The butterfly is flying around the flowers.
chase 뒤쫓다

⇨ ____________________

11 She is making cupcakes. / The cupcakes are for her mother.
컵케이크

⇨ ____________________

12 She is a good kid. / The good kid helps her parents.

⇨ ____________________

Step 2 괄호 안에서 알맞은 관계대명사에 ○표 하세요.

01 He is the boy (who / which) got the good grades.
성적

02 I'm wearing the shirt (who / which) is pretty.

03 Ted is a student (who / which) is very good at painting.
be good at ~을 잘하다

04 Do you know the man (who / which) is talking to Tommy?

05 That is the student (who / which) saved my life in the accident.
구하다 생명 사고

06 I have a friend (who / which) has a pet squirrel.
다람쥐

07 She is a lawyer (that / which) helps the poor.
변호사 가난한 사람들

08 The restaurant (who / that) sells sandwiches is very popular.

09 She has two daughters (who / which) got married last year.
get married 결혼하다

10 I met Jimin (who / which) gave me these roses.

11 You should take the book (who / that) is on my desk.

12 There was a market (who / that) always sold fresh fruit.

UNIT 12

Step 3 밑줄 친 부분을 바르게 고쳐 쓰세요.

01 She was a singer whom was famous all over the world. ⇨ who[that]
전 세계에서

02 I don't like this color whose makes me sick. ⇨ ____________

03 They say hello to their fans which came to their concert. ⇨ ____________
팬, 지지자

04 I saw the people which screamed toward the forest. ⇨ ____________
소리 지르다

05 Sam woke up in his room whose was so silent. ⇨ ____________
조용한

06 He has a perfect plan whose can surprise her. ⇨ ____________
완벽한 / 놀라게 하다

07 He is the boy which speaks three languages. ⇨ ____________
언어

08 We won the game who was so important for us. ⇨ ____________

09 They chose a black cat of which had beautiful blue eyes. ⇨ ____________

10 She saw the actor which was famous. ⇨ ____________

중학교 내신 시험에 꼭 나오는 문법 요점 정리 | 관계대명사 '주격'

● **관계대명사의 종류**

선행사 \ 격	주격	소유격	목적격
사람	(①)	whose	(②)
사물, 동물	which	(③)	(④)
사람, 사물, 동물	(⑤)	–	that

① who ② who(m) ③ of which, whose ④ which ⑤ that

UNIT 13
관계대명사 '목적격'

공부한 날 : 복습한 날 : 부모님 확인 :

관계대명사의 역할이 여러 가지가 있다는 것을 배웠어.
이번엔 관계대명사 '목적격'에 대해 공부해 볼까?

This is the book which I was reading yesterday.
이것은 어제 내가 읽고 있었던 그 책이야.

위의 문장에서 관계대명사가 무엇인지 찾을 수 있나요?
그럼, 그 관계대명사가 하는 역할이 무엇인지 볼까요?

This is the book. + I was reading the book yesterday.
이것은 그 책이다. (목적어) 나는 어제 그 책을 읽고 있었다.

This is the book (선행사) which (관계대명사) I was reading yesterday.

두 문장을 합쳐 선행사 the book을 설명하고 있는데 관계대명사는 which를 썼어요.
선행사로 쓰인 the book이 사물이기 때문이죠.
선행사가 사물이기도 하지만 원래 문장에서 목적어 역할을 했기 때문에 목적격 which를 썼어요.
그런데 왜 원래 있던 the book 자리에 which를 넣지 않고 앞으로 데려왔냐구요?
관계대명사에는 선행사를 바로 앞자리에 두려는 성질이 있기 때문이에요.

뭐라고? 관계대명사는 바로 앞에 선행사를 두려고 한다고?

응, 중복되는 명사를 나타내는 단어를 지웠다고 해서 그 자리에 관계대명사를 써 넣는 게 아니라, 선행사 바로 뒤에 관계대명사를 써 넣어야 해.

목적격 관계대명사는 주격 관계대명사보다 사용법이 조금 복잡하구나.

목적격 관계대명사가 들어간 문장을 많이 접하다 보면 익숙해질 거야~

UNIT 13

이번엔 선행사가 사람인 경우의 목적격 관계대명사 예문을 살펴보기로 해요. 이때는 관계대명사로 whom을 쓰고, 구어체에서는 whom 대신 who를 쓰기도 해요.

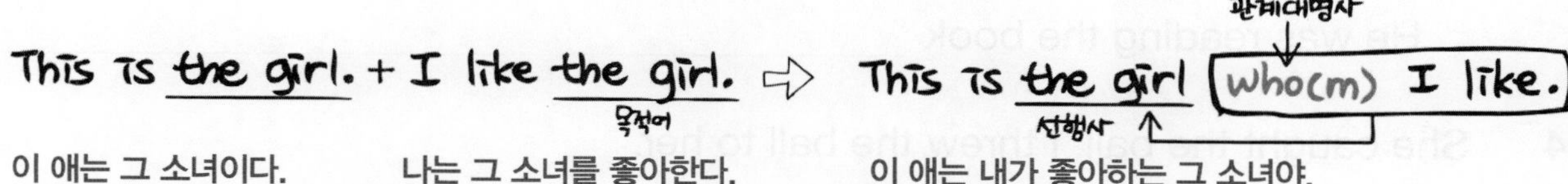

This is the girl. + I like the girl. ⇨ This is the girl who(m) I like.
목적어
선행사
관계대명사
이 애는 그 소녀이다.
나는 그 소녀를 좋아한다.
이 애는 내가 좋아하는 그 소녀야.

연습문제

문제를 풀고 녹음 파일을 따라 읽고 연습하세요. MP3 6권 본문 UNIT 13
정답 및 해석 p. 111

Step 1 괄호 안에서 알맞은 것에 ○표 하세요.

01 This is the digital camera (which / who) my father gave me.

02 He is the man (whose / whom) I met yesterday.

03 I like the candies (which / whom) I bought in the market.
시장

04 Look at the house (which / who) my mother owns.
소유하다

05 This is the music CD (which / who) my boyfriend sold to me.

06 I went to Japan with my friends (whom / whose) I like the most.

07 I am cleaning the TV set (who / that) you sent to me.

08 It is flying over the bridge (which / whom) my father built.

09 You should bring the textbook (who / which) we will study today.

10 She showed me the picture (that / whom) she took yesterday.

Step 2 두 문장을 관계대명사를 이용해 한 문장으로 연결할 때, 빈칸에 알맞은 말을 쓰세요.

01 He has a pretty cat. I like the cat very much.

⇨ He has a pretty cat which[that] I like very much.

02 We ate some bananas. My mom bought them for us.

⇨ We ate some bananas ________________.

03 He was reading the book. I gave him the book.

⇨ He was reading the book ________________.

04 She caught the ball. I threw the ball to her.

⇨ She caught the ball ________________.

05 I am looking for the restaurant. He loved the restaurant.

⇨ I am looking for the restaurant ________________.

06 They crossed the road. I can see the road from my house.
road: 길, 도로

⇨ They crossed the road ________________.

07 This is the exam. We have to pass the exam.

⇨ This is the exam ________________.

08 They climbed the mountain. Most people love the mountain.
Most: 대부분의

⇨ They climbed the mountain ________________.

09 You can use the book. I recommended the book.
recommended: 추천하다

⇨ You can use the book ________________.

10 My daughter doesn't like the doll. I made the doll for her.

⇨ My daughter doesn't like the doll ________________.

11 I copied the book. We use the book in class.
copy 복사하다

⇨ I copied the book ________________.

Step 3 괄호 안에서 알맞은 관계대명사에 ○표 하세요.

01 She is the girl (whom / whose) Tom really likes.

02 I'm wearing the shirt (who / that) my mother left.
셔츠

03 Ted met the teacher (whom / which) I liked when I was a student.

04 Do you know the man (whom / which) Erin met yesterday?

05 That is the student (which / that) I teach English.

06 I had a red bag (who / which) my mom bought.

07 She is a lawyer (whom / which) many people respect.

08 He is the actor (whom / whose) we saw at the theater.

09 She has two sons (whom / whose) she loves so much.
아들

10 This is the story (who / that) my father read to me.

11 I paid for the book (that / whom) I chose.
pay for 지불하다

12 We are dancers (which / that) people watch on the stage.

13 She drew a tiger (which / who) she saw at the zoo.

14 My uncle planted the trees (which / who) people carried to the farm.
농장

15 She looked at the picture (whom / which) he hung on the wall.
hang 걸다

중학교 내신 시험에 꼭 나오는 문법 요점 정리 | 관계대명사 '목적격'

● **관계대명사**

격 / 선행사	주격	소유격	목적격
사람	(①)	(②)	(③)
사물, 동물	(④)	(⑤)	(⑥)
사람, 사물, 동물	(⑦)	–	(⑧)

● **관계대명사의 위치**

꾸며 주는 (⑨) 바로 뒤에 위치

① who ② whose ③ who(m) ④ which ⑤ of which, whose ⑥ which ⑦ that ⑧ that ⑨ 선행사

UNIT 14

주의해야 할 관계대명사 용법과 what

공부한 날 : 복습한 날 : 부모님 확인 :

관계대명사에 대해 공부했으니 관계대명사에서
주의해야 할 특징 두 개를 살펴볼까?

주의할 점이 있다고요?
예문으로 설명해 주는 거 잊지 마세요!

첫째, 관계대명사를 생략할 수 있는 경우라고 할 수 있지!
바로 앞에서 배웠던 예문을 살펴보자!

This is the book which I was reading yesterday.
선행사 관계대명사

이것은 어제 내가 읽고 있었던 그 책이다.

위의 문장에서 which가 관계대명사 목적격이라는 것은 이제 알 수 있죠? 이렇게 관계대명사가 목적격으로 사용될 때는 관계대명사를 생략할 수 있답니다.

This is the book (which) I was reading yesterday.
선행사 관계대명사 목적격

= This is the book I was reading yesterday.

조금 복잡하긴 하지만 잘 외우면 될 거 같아!
그런데 주의해야 할 점이 한 가지 더 있다고 하지 않았니?

응. 선행사를 포함하고 있는 관계대명사 what에 대해 알아두면 좋을 거야!

선행사를 포함? 그럼, 관계대명사 what 안에 선행사가 들어가 있는 거야?

응! 해석은 '~하는 것'이라고 하면 돼.

UNIT 14

what 안에 선행사가 들어 있기 때문에 what 앞에는 선행사라는 게 아예 없어요.

This is the book. + I want this book.

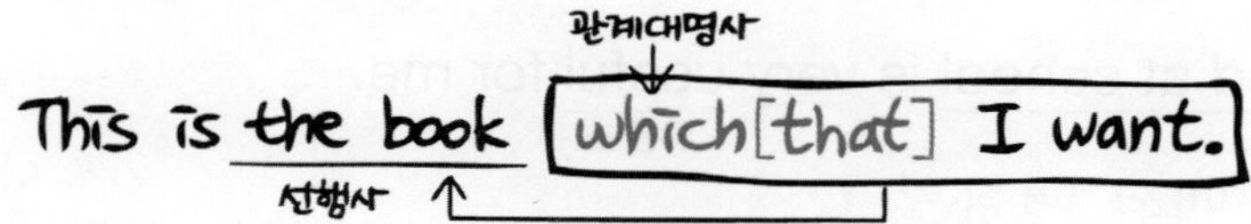

관계대명사
This is the book which[that] I want.
선행사

= This is what I want. 이 책은 내가 원하는 것이다.

연습문제

문제를 풀고 녹음 파일을 따라 읽고 연습하세요. MP3 6권 본문 UNIT 14
정답 및 해석 p. 111

Step 1 다음 문장에서 생략할 수 있는 관계대명사에 ○표 하세요.

01 This is the book (that) I read yesterday.

02 I need someone that I can trust.
trust: 믿다

03 The woman who I saw at the party was a famous actress.

04 Do you know the girl who has long hair?

05 She told me about a wonderful picture which she saw in the museum.
museum: 박물관

06 Can you read a book which he wrote in English?

07 He is a teacher who works at a middle school.

08 The movie that she found funny is successful in the market.
성공적인

09 Did you find the ring which you lost yesterday?
반지

10 The man who called me last night is my uncle.

11 Do you believe the story that you heard from her?

12 This is the house which my parents live in.

Step 2 문장의 밑줄 친 부분을 우리말로 해석하세요.

01 What I learned at school is very useful for me.
유용한

⇨ 내가 학교에서 배웠던 것

02 She knows what he can do.

⇨

03 What I need now is just water.

⇨

04 What he said is true.
진실의, 참인

⇨

05 Could you show me what you have in your pocket?

⇨

06 I have what you gave to me.

⇨

07 This restaurant gives what I want.

⇨

08 What I heard from you is shocking.
충격적인

⇨

09 Do you know what she likes?

⇨ ______________________________

10 I accepted what he offered.
받아들이다 제안하다

⇨ ______________________________

Step 3 밑줄 친 부분이 맞으면 ○표, 틀리면 바르게 고쳐 쓰세요.

01 I watched the movie which I already watched twice. ⇨ O

02 I don't understand that she thinks. ⇨ ____________
이해하다

03 She broke the rules we made. ⇨ ____________

04 He visited his teacher what gave precious lessons to him. ⇨ ____________
귀중한 교훈

05 We ate what her mother cooked for us. ⇨ ____________

06 They gave me the pencil what I wanted to have. ⇨ ____________

07 That is what Michael said. ⇨ ____________

08 There is a lot of food that I can eat. ⇨ ____________

09 She helped her mother what cleaned the kitchen. ⇨ ____________

10 That they have belongs to us. ⇨ ____________
belong to ~에 속하다, ~의 소유이다

중학교 내신 시험에 꼭 나오는 문법 요점 정리 | 주의해야 할 관계대명사 용법과 what

- **관계대명사를 생략하는 경우**
  - (①) 관계대명사인 경우
- **관계대명사 (②)**
  - 선행사를 포함한 형태로 앞에 선행사가 없음
  - 해석은 '(③)'

① 목적격 ② what ③ ~하는 것

UNIT 15

관계부사

공부한 날 : 복습한 날 : 부모님 확인 :

관계대명사 말고 관계부사? 관계부사는 또 뭐지?

관계부사는 문장에서 부사 역할을 하고 앞에는 선행사로 시간, 장소, 이유, 방법을 나타내는 단어들이 온단다.

관계대명사랑 비슷하지만 역할이 다르니까, 예문을 통해서 이해하도록 하자!

I know the time. + My mom will come back home at that time.(부사)

나는 시간을 안다. 우리 엄마가 그 때에 집에 돌아오실 것이다.

↓

I know the time(선행사) when(관계부사) my mom will come back home.

나는 우리 엄마가 집에 돌아오실 시간을 안다.

위의 문장에서 when은 관계부사로 사용되었어요. 앞에 시간을 나타내는 선행사가 오고 문장에서 부사의 역할을 하기 때문에 '관계부사'라고 불린답니다.

This is the reason(선행사) why(관계부사) he did it. 이것이 그가 그것을 한 이유이다.

위의 문장에서는 선행사가 이유를 나타내는 the reason이기 때문에 관계부사는 why를 써 주었어요.

시간, 장소, 이유, 방법을 나타내는 선행사에 따라 관계부사의 형태가 각각 달라져.

그럼, 관계부사도 암기해야 할 '관계부사표'가 있어?

응. 다음 표를 외워서 관계부사를 문장에서 알맞게 써보기로 하자!

선행사	관계부사
시간 (the time, the day, the month 등)	when
장소 (the place, the city, the country 등)	where
이유 (the reason)	why
방법 (the way)	how

여기서 잠깐! 방법을 나타내는 the way와 how는 문장에서 둘 중 하나만 써야 한답니다! 시험에 자주 나오니깐 꼭 알아두세요!

UNIT 15

연습문제

문제를 풀고 녹음 파일을 따라 읽고 연습하세요. MP3 6권 본문 UNIT 15
정답 및 해석 p. 111

Step 1 괄호 안에서 알맞은 관계부사에 ○표 하세요.

01 I'll never forget the day (when / which) we won the game.

02 She told me about the reason (how / why) she was so angry.
reason: 이유

03 We have a large dining room (when / where) there are a table and ten chairs.
dining room: (가정 · 호텔 내의) 식당

04 That's (how / what) we learned English.

05 I went to Paris (when / where) Sam was born.

06 She doesn't know the day (when / why) we first met.

07 This is (how / when) she made the pie.

08 This is the reason (where / why) we fought yesterday.

09 He walked to school (when / where) his sister studies.

10 It was a snowy day of December (how / when) we won the Olympics.
눈 내리는

Step 2 다음 두 문장을 하나로 연결할 때 빈칸에 들어갈 알맞은 말을 쓰세요.

01 I won't forget the moment. She hugged me at that moment.
잊다 / 순간 / 포옹하다

⇨ I won't forget the moment ___when___ she hugged me.

02 I can't find out the way. My mom cooked the pizza in the way.

⇨ I can't find out ________ ________ my mom cooked the pizza.

⇨ I can't find out ________ my mom cooked the pizza.

03 Here is the paper. You have to write down your birthday on the paper.
~을 적다

⇨ Here is the paper ________ you have to write down your birthday.

04 My house has many rooms. We can study together in the rooms.

⇨ My house has many rooms ________ we can study together.

05 She explained the reason. She liked him for that reason.
설명하다

⇨ She explained the reason ________ she liked him.

Step 3 밑줄 친 부분을 바르게 고쳐 쓰세요.

01 His teacher knows the way how he got good grades. ⇨ the way[how]

02 I like cities like Paris when one can meet many artists. ⇨ ________
화가, 예술가

03 He never told me the reason where he left his home. ⇨ ________
leave 떠나다

04 2009 was the year where I entered elementary school. ⇨ ______________

Step 4 문장의 밑줄 친 부분에 유의하여 우리말로 해석하세요.

01 I know the place where I was born.

⇨ 나는 내가 태어났던 곳을 안다.

02 Do you remember the day when you were very late for a date?
(remember: 기억하다 / date: (남녀 간의) 데이트)

⇨ ______________

03 I had lunch at the restaurant where you worked.

⇨ ______________

04 No one tells me the reason why she moved to New York.

⇨ ______________

05 Could you show me the way I can get there?

⇨ ______________

UNIT 15

중학교 내신 시험에 꼭 나오는 문법 요점 정리 | 관계부사

● 관계부사
- 문장 속에서 접속사와 (①)의 역할
- (②)에 따라 관계부사의 형태가 달라짐

● 관계부사의 종류

선행사	관계부사
시간 (the time, the day, the month 등)	(③)
장소 (the place, the city, the country 등)	(④)
이유 (the reason)	(⑤)
방법 (the way)	(⑥)

● 주의해야 할 점
- 방법을 나타내는 the way와 (⑦)는 둘 중 하나는 반드시 생략

① 부사 ② 선행사 ③ when ④ where ⑤ why ⑥ how ⑦ how

UNIT 11~15

진단평가 및 교내평가 대비 실전테스트

공부한 날 : 복습한 날 : 부모님 확인 :

UNIT 11 관계대명사 UNIT 12 관계대명사 '주격' UNIT 13 관계대명사 '목적격' UNIT 14 주의해야 할 관계대명사 용법과 what UNIT 15 관계부사

[01~03] 다음 빈칸에 들어갈 알맞은 관계부사를 [보기]에서 고르세요.

[보기]	when	why
	where	how

01

2006 was the year ________ German World Cup was held.

02

This is the store ________ I bought my new computer.

03

There's another reason ________ I was late for the school.

04

다음 중 문법상 틀린 부분은?

He is the boy(①) whom(②) can(③) sing(④) very well.

[05~08] 다음 문장에서 생략할 수 있는 부분에 밑줄을 긋고 문장을 우리말로 해석하세요.

05

Do you like the movie that I recommended?

⇨ ________________

06

He doesn't have any erasers that I can borrow.

⇨ ________________

07

That's the boy whom I saw at the Disney World.

⇨ ________________

08

Did you find the pen which you lost?

⇨ ________________

[09~14] 관계대명사를 이용하여 다음 두 문장을 한 문장으로 만드세요.

09

He likes the teacher.
The teacher teaches English in his school.

⇨ ____________________

10

She keeps a cat.
The cat jumps a lot.

⇨ ____________________

11

A man was reading a book.
He was sitting next to me.

⇨ ____________________

12

A truck stopped at a gas station.
It was carrying food.

⇨ ____________________

13

We should remember the people.
They clean the building for us.

⇨ ____________________

14

This is the movie.
We watched it three times.

⇨ ____________________

[15~17] 다음 문장의 빈칸에 들어갈 알맞은 말을 고르세요.

15

He is the man ______ I met yesterday.

① whom ② when
③ which ④ what

16

She didn't understand ______ I said.

① which ② who
③ whose ④ what

17

She has a dog ______ name is Ben.

① which ② whose
③ that ④ what

[18~20] 다음 18~20의 이야기가 자연스럽도록 [보기]에서 알맞은 말을 골라 그 번호를 쓰세요.

[보기] ① when Liz was born
② who likes cooking
③ that Liz likes so much

18

Cindy is a girl ______________. She will bake a chocolate cake for Liz.

19

Liz is her best friend. Tomorrow is the day ______________.

20

Cindy will give her the cake ______________.

21

다음 밑줄 친 관계대명사 중 문장에서의 쓰임이 다른 하나를 고르세요.

① I like the skirt that Jane is wearing.
② This is the chair that my father made.
③ Do you know someone that I can work with?
④ Tom bought a bag that has many pockets.

[22~23] 다음 문장의 빈칸에 공통으로 들어갈 알맞은 관계대명사를 쓰세요.

22

- Basketball is ________ I like to do.
- ________ she said was all true.

23

- Peter is the man ________ went to New York.
- The man ________ is standing next to me is Mike.

24

다음 중 밑줄 친 부분을 생략할 수 있는 것 두 개를 고르세요.

① What I need is cold water.
② Tell me how you made this cake.
③ I like the dog which you gave to me.
④ This is the toy that I bought yesterday.

[25~26] 우리말 해석과 같도록 빈칸에 알맞은 관계부사를 쓰세요.

25

전통 한국 음식을 요리하는 방법을 나에게 말해 줄래?
= Can you tell me ________ you cook traditional Korean food?

26

나는 내가 그녀를 처음 봤던 때를 기억해.
= I remember the time ________ I first saw her.

[27~28] 다음 문장의 밑줄 친 부분을 고쳐 쓰세요.

27

He is the doctor which I met.

⇨ ________________________

28

I like this house when I live.

⇨ ________________________

[29~30] 다음 그림에 맞게 주어진 단어들을 바르게 배열하여 쓰세요.

29

내게 필요한 것은 물이다.

(water / is / What / I / need).

⇨ ________________________

30

그가 해야 하는 것은 숙제이다.

(he / What / his homework / is / has to / do).

⇨ ________________________

UNIT 11~15 실전테스트

UNIT 01~15 총괄평가 1회

공부한 날 : 복습한 날 : 부모님 확인 :

[01-02]

다음 중 동사와 동명사의 형태가 올바르게 짝지어진 것을 고르세요.

01

① read – readding
② walk – walking
③ study – studing
④ run – runing

02

① lie – lieing
② come – coming
③ stop – stoping
④ play – plaing

[03-04]

다음 대화의 대답에 유의하여 빈칸에 들어갈 알맞은 말을 쓰세요.

03

A: ________ ________ ________ this picture?
B: Yes, I have seen it before.

04

A: ________ ________ have you known him?
B: I have known him for 10 years.

[05-06]

다음 빈칸에 들어갈 수 없는 단어를 고르세요.

05

I ________ taking a walk.

① finish ② start
③ hope ④ enjoy

06

They ________ to find the treasure.

① expect ② like
③ continue ④ mind

[07-09]

다음 밑줄 친 부분의 용법이 [보기]와 같은 것을 고르세요.

07

[보기] To see dolphins was amazing.

① I'll buy it to make a cake.
② To have friends is important.
③ She went to the store to buy it.
④ I am happy to see you.

08

[보기] She needs a book to read.

① We need to look at the sky.
② To see is to believe.
③ I want something to eat.
④ They practiced to win the game.

09

[보기] The problem is to go there.

① She checked it again to make sure.
② We're here to buy some jewelry.
③ My dream is to be a dentist.
④ I have a mirror to give you.

10

빈칸에 들어갈 가장 알맞은 말을 고르세요.

She knows how they walked to the hospital.
= She knows ________ they walked to the hospital.

① when ② where
③ the way ④ the reason

[11-13]

다음 빈칸에 공통으로 들어갈 수 있는 단어를 고르세요.

11

• ________ is your birthday?
• I don't know the time ________ she went to bed.

① What[what] ② Why[why]
③ When[when] ④ Which[which]

12

• ________ are you here?
• She told her the reason ________ she was angry.

① Who[who] ② What[what]
③ When[when] ④ Why[why]

13

• I was born in Japan ________ my grandparents live.
• I am in my room ________ I can take a rest.

① where ② when
③ what ④ how

14

다음 괄호 안에서 알맞은 것에 ○표 하세요.

I (went / have gone) to Australia three months ago.

[15-17]

다음 동사의 원형–과거형–과거분사형이 바르게 짝지어지지 않은 것을 고르세요.

15

	원형	과거형	과거분사형
①	see	saw	seen
②	take	took	tooken
③	get	got	gotten
④	finish	finished	finished

16

	원형	과거형	과거분사형
①	go	went	gone
②	spend	spent	spent
③	buy	bought	bought
④	feel	felt	felted

17

	원형	과거형	과거분사형
①	write	wrote	wroten
②	teach	taught	taught
③	find	found	found
④	set	set	set

18

다음 빈칸에 들어갈 수 있는 말을 고르세요.

A: How long have you lived here?
B: I have lived here ___________.

① three weeks ago
② for five months
③ in 2003
④ last year

19

다음 문장에서 관계대명사 what이 들어갈 알맞은 곳을 고르세요.

Please ① tell ② me ③ you ④ saw.

[20-21]

다음 그림을 가장 잘 묘사한 문장을 고르세요.

20

① He goes to Paris.
② He will go to Paris.
③ He has gone to Paris.
④ He left Paris in 2012.

21

① Susan has not finished exercising yet.
② Susan has not exercised for a few minutes.
③ Susan has finished exercising.
④ Susan has just started exercising.

22

다음 중 밑줄 친 부분 대신 쓸 수 있는 것을 고르세요.

She has a brother <u>who</u> is an actor.

① which ② that ③ whom ④ whose

23

다음 밑줄 친 부분 중 생략할 수 없는 것을 고르세요.

① We saw the building that my father built.
② I made some pie that you really like.
③ He went to the gym that is close to his home.
④ I like the jacket that he is wearing.

24

다음 [보기]의 현재완료시제의 용법과 같은 것을 고르세요.

[보기] He has been to Italy.

① I have lost my wallet.
② She has watched the movie twice.
③ He has been a teacher for 10 years.
④ They have lived here since 2010.

25

다음 밑줄 친 부분 중 생략할 수 있는 것을 고르세요.

① He brought the toys which he liked.
② Did you go to the library that is on First Street?
③ I watched a man who was playing the guitar.
④ They plan for the vacation which starts next week.

26

다음 중 틀린 문장을 고르세요.

① The sun sets in the west.
② Mina can speak French, can't she?
③ Charlie has lived in Seoul in 2013.
④ I have been to China three times.

27

다음 두 문장을 관계대명사를 이용하여 한 문장으로 만들 때 빈칸에 들어갈 알맞은 말을 쓰세요.

• I was wearing a dress. • You bought me the dress.

→ I was wearing a dress ________ you bought me.

28

다음 괄호 안의 단어를 올바르게 바꾼 것을 고르세요.

Joseph (be) very sick since last Monday.

① is ② was
③ have been ④ has been

29

다음 빈칸에 들어갈 수 있는 말을 고르세요.

I like story books ________ have many interesting stories.

① which ② whose
③ who ④ whom

30

다음 문장의 빈칸에 공통으로 들어갈 알맞은 관계대명사를 고르세요.

• ________ I need is some water. • She understood ________ I wrote.

① Which[which] ② What[what]
③ Who[who] ④ Whose[whose]

31

우리말 해석과 같도록 빈칸에 알맞은 단어를 쓰세요.

Anna has ________ started her homework. Anna는 방금 숙제를 시작했다.

32

다음 두 문장의 뜻이 같아지도록 빈칸에 들어갈 관계대명사를 쓰세요.

I rode the roller coaster I love. = I rode the roller coaster ________ I love.

33

우리말 해석과 같도록 빈칸에 들어갈 관계대명사로 알맞은 것을 고르세요.

She always knows ________ I want. 그녀는 내가 원하는 것을 항상 알고 있다.

① what ② which
③ that ④ who

34

다음 문장 중 현재완료시제의 용법이 나머지 셋과 다른 것을 고르세요.

① I have already finished my homework.
② She has not come home yet.
③ We have been friends for 5 years.
④ They have just gotten the mail.

35

다음 빈칸에 들어갈 수 없는 단어를 고르세요.

I ________ to meet him again.

① decide ② want
③ enjoy ④ plan

36

다음 중 어법상 바른 문장을 고르세요.

① I hope getting some flowers.
② We expected going on a picnic.
③ My younger brother began crying.
④ Do you mind to close the door?

37

다음 빈칸에 들어갈 단어로 알맞게 짝지어진 것을 고르세요.

• I'm Simon. I'm good at ________.
• I want ________ a singer.

① sing - to be ② sing - be
③ singing - be ④ singing - to be

38

다음 빈칸에 들어갈 알맞은 말을 고르세요.

Paul began to live here in 2012. He lives here now.
= Paul ________ here since 2012.

① has lived ② lives
③ live ④ was living

39

다음 주어진 문장에서 밑줄 친 부분을 바르게 고쳐 쓰세요.

We need <u>cleaning</u> our room.

→ ________________________

40

다음 대화의 빈칸에 들어갈 단어로 알맞게 짝지어진 것을 고르세요.

A: ________ she and her friend visited here?
B: Yes, they ________.

① Has - have ② Has - has
③ Have - have ④ Have - has

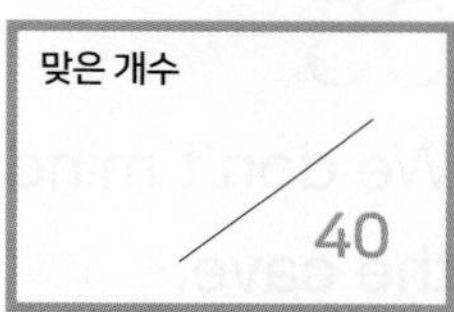

총괄평가

UNIT 01~15 총괄평가 2회

공부한 날 : 복습한 날 : 부모님 확인 :

[01-05]

다음 괄호 안에서 알맞은 말에 ○표 하세요.

01

I didn't want (to go / going) abroad.

02

The president decided (to help / helping) Africa.

03

She would like (to give / giving) some tips.

04

My parents finished (to clean / cleaning) early in the morning.

05

We don't mind (to enter / entering) the cave.

[06-07]

다음 문장에서 틀린 곳을 찾아 바르게 고치세요.

06

Saving money are not easy.

_______________ → _______________

07

She always talks about study.

_______________ → _______________

[08 - 09]

다음을 읽고, 물음에 답하세요.

Dear Amy,
Hi! I'm in Jejudo now. ⓐ (Jejudo / you / Have / been / ever / to)? This is the place (ⓑ) I was born. My grandparents also live here. I was happy to see them. I'll bring you some tangerines when I come back. Bye.

With lots of love,
Jaeho

08

ⓐ의 단어들을 바르게 배열하여 문장을 완성하세요.

→ ______________________

09

ⓑ에 들어갈 알맞은 관계부사를 고르세요.

① when ② how ③ why ④ where

10

다음 빈칸에 들어갈 수 없는 것을 고르세요.

I have built this house ________.

① since last month
② for a long time
③ two years ago
④ since 2013

11

다음 문장의 빈칸에 들어갈 단어를 고르세요.

You ________ sleeping alone.

① hate ② need
③ hope ④ wish

[12-14]

다음 그림을 보고, 빈칸에 알맞은 말을 [보기]에서 골라 쓰세요.

[보기] when, where, how

12

I cannot forget the day ________ I won first prize.

13

He went to the street ________ he lost his wallet.

14

The girl learned ________ the robot walks.

15

다음 두 문장과 같은 뜻의 문장을 고르세요.

She went to Denmark. She is not here.

① She lived in Denmark.
② She has gone to Denmark.
③ She has been to Denmark.
④ She has not been to Denmark.

16

다음 동사의 변화가 올바르지 않은 것을 고르세요.

① stand – standed – standed
② hide – hid – hidden
③ go – went – gone
④ sit – sat – sat

[17-18]

다음 두 문장을 관계대명사를 이용하여 한 문장으로 만드세요.

17

• I like the boy. • The boy is the tallest in my class.

→ ______________________________

18

• I bought some cheese. • The cheese was from France.

→ ______________________________

19

다음 대화의 빈칸에 들어갈 알맞은 대답을 고르세요.

A: Have you tried Mexican food? (멕시코 음식을 먹어 봤니?) B: ______________________ (아니, 안 먹어 봤어.)

① Yes, I had. ② No, I didn't.
③ Yes, I have. ④ No, I haven't.

20

다음 중 어법상 틀린 곳을 고르세요.

Minseo has gone(①) to the mall(②) with(③) her(④) mom several times.

21

우리말 해석과 같도록 관계대명사 what이 들어갈 위치를 고르세요.

① The store ② sells ③ I ④ want. 그 가게는 내가 원하는 것을 판다.

22

다음 중 동사의 변화가 올바른 것을 고르세요.

① play – plaied – plaied
② hear – heared – heared
③ put – put – put
④ come – came – came

23

다음 문장의 빈칸에 관계대명사 who가 들어갈 수 없는 것을 고르세요.

① Do you know this girl __________ is standing by me?
② I'm looking for a man __________ schedule is not busy.
③ She met the guy __________ she knew long ago.
④ You married a girl __________ looks like a super model.

24

다음 중 밑줄 친 부분을 생략할 수 있는 문장 두 개를 고르세요.

① I like the pictures that you took.
② There is a girl who has long hair.
③ Please bring me the book that is on my desk.
④ Do you know the man who Jane met yesterday?

25

우리말 해석과 같도록 빈칸에 들어갈 알맞은 말을 고르세요.

__________ she said is not true. [그녀가 말했던 것은 사실이 아니다.]

① That ② What ③ When ④ Who

26

다음 그림에 가장 알맞은 문장을 고르세요.

① He is leaving the key on the desk.
② He leaves the key on the desk.
③ He has left the key on the desk.
④ He has put the key in his pocket.

[27-28]

다음 그림을 참고하여, 괄호 안에 들어갈 알맞은 단어를 고르세요.

27

Youngmi has been sick (for / since) a week.

28

They have (just / yet) finished their lunch.

29

밑줄 친 부분과 바꿔 쓸 수 있는 말을 쓰세요.

> Mira is a student <u>who</u> is good at singing.

→ ______________________

30

다음 밑줄 친 부분의 축약형 형태로 알맞은 것을 고르세요.

> <u>We have</u> already met Jasmine.

① We'd ② We'e
③ We've ④ We'ave

31

다음 두 문장을 한 문장으로 연결할 때, 빈칸에 들어갈 알맞은 말을 고르세요.

> • She is holding a bag.
> • Its color is red.
> → She is holding a bag ________ color is red.

① whose ② which ③ that ④ who

32

다음 괄호 안의 단어를 활용하여 빈칸에 알맞은 말을 쓰세요.

> I am scared of ________ a ghost. (see)

[33-34]

다음 두 문장의 뜻이 같도록 빈칸에 알맞은 단어를 쓰세요.

33

> He began to cry.
> = He began ________.

34

> We continue to turn the wheels.
> = We continue ________ the wheels.

35

다음 밑줄 친 to부정사 중 형용사적 용법이 <u>아닌</u> 것을 고르세요.

① I want something <u>to drink</u>.
② You have a pen <u>to use</u>.
③ I have some questions <u>to ask</u>.
④ We went home <u>to take</u> a rest.

36

다음 밑줄 친 to부정사 중 부사적 용법이 아닌 것을 고르세요.

① You want to spend time with your mom.
② We wore the uniform to look good.
③ She felt sad to leave the school.
④ I am pleased to hear the news.

37

빈칸에 공통으로 들어갈 단어를 고르세요.

• I went to London ________ James was born. • ________ is the hospital?

① where[Where] ② which[Which]
③ what[What] ④ who[Who]

38

다음 빈칸에 들어갈 알맞은 응답을 고르세요.

A: Do you like painting? B: Yes, I do. A: What do you want to be? B: ________________.

① I love painting.
② I'm good at playing the piano.
③ I want to be an artist.
④ How about you?

39

다음 각 괄호 안의 단어를 현재완료시제로 알맞게 바꾼 것을 고르세요.

① She has drive a car for four months. (drive)
② I has studied in the library since last week. (study)
③ They have built the house since last month. (build)
④ Have you ever visiting New York? (visit)

40

다음 빈칸에 공통으로 들어갈 말을 고르세요.

• We are going ________ go hiking this weekend. • Eric hopes ________ be a movie star.

① with ② to
③ in ④ into

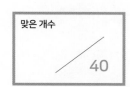

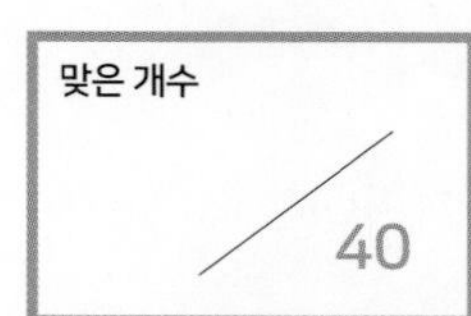

UNIT 01

MP3 6권 단어 UNIT 01

학습한 날 :

초777_6_w1

단어 연습장 공부법 1단계 | 들려주는 단어를 잘 듣고, 옆의 빈칸에 세 번씩 써 보세요.

Step 1

01 **cut** [kʌt] 자르다 cut

02 **run** [rʌn] 달리다

03 **pay** [pei] 지불하다

Step 3

04 **biscuit** [bískit] 비스킷

05 **break** [breik] 깨뜨리다

06 **carrot** [kǽrət] 당근

단어 연습장 공부법 2단계 | 진단평가, 수행평가 대비에 꼭 필요한 단어 복습 빈칸 넣기 문제입니다.

01 ___ut 자르다	03 p___y 지불하다	05 ___re___k 깨뜨리다
02 r___n 달리다	04 bi___cui___ 비스킷	06 ___ar___ot 당근

단어 연습장 공부법 3단계 | 단어를 다시 들으면서 큰 소리로 따라 읽어보세요.

UNIT 02 MP3 6권 단어 UNIT 02

학습한 날 :

단어 연습장 공부법 1단계 | 들려주는 단어를 잘 듣고, 옆의 빈칸에 세 번씩 써 보세요.

Step 1

01	**arrive** [əráiv]	도착하다
02	**article** [ɑ́ːrtikl]	(신문) 기사
03	**chess** [tʃes]	체스, 서양 장기
04	**spend** [spend]	돈을 쓰다, 소비하다
05	**talk about** [tɔːk əbáut]	~에 대해 이야기하다
06	**report** [ripɔ́ːrt]	보고서
07	**build** [bild]	짓다
08	**fence** [fens]	울타리

arrive

Step 2

09	**novel** [nɑ́vəl]	소설
10	**take care of** [teik kεər əv]	~을 돌보다
11	**April** [éiprəl]	4월
12	**collect** [kəlékt]	모으다, 수집하다
13	**stamp** [stæmp]	우표

Step 3

14	**second** [sékənd]	두 번째

단어 듣고 따라 쓰기 연습

15 **return** 돌아오다
[ritə́ːrn]

16 **information** 정보
[ìnfərméiʃən]

17 **a lot of** 많은
[ə lɑt əv]

18 **ill** 아픈
[il]

단어 연습장 공부법 2단계 | 진단평가, 수행평가 대비에 꼭 필요한 단어 복습 빈칸 넣기 문제입니다.

01 ___rri___e 도착하다

02 ___rti___le (신문) 기사

03 ___h___ss 체스, 서양 장기

04 ___pe___d 돈을 쓰다, 소비하다

05 ___alk a___out ~에 대해 이야기하다

06 ___ep___rt 보고서

07 ___uil___ 짓다

08 ___en___e 울타리

09 ___ove___ 소설

10 ___ake c___re of ~을 돌보다

11 ___pri___ 4월

12 ___oll___ct 모으다, 수집하다

13 ___ta___p 우표

14 ___ec___nd 두 번째

15 ___et___rn 돌아오다

16 ___nfor___ation 정보

17 a lo___ of 많은

18 ___ll 아픈

단어 연습장 공부법 3단계 | 단어를 다시 들으면서 큰 소리로 따라 읽어보세요.

UNIT 03

MP3 6권 단어 UNIT 03

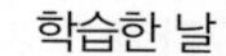

학습한 날 :

초777_6_w3

단어 연습장 공부법 1단계 | 들려주는 단어를 잘 듣고, 옆의 빈칸에 세 번씩 써 보세요.

Step 1

01	**movie** [mú:vi]	영화	movie
02	**respect** [rispékt]	존경하다	
03	**waiting room** [wéitiŋ ru(:)m]	대기실	
04	**fail** [feil]	실패하다	
05	**cousin** [kʌ́zən]	사촌	
06	**Germany** [dʒə́:rməni]	독일	

Step 2

07	**town** [taun]	마을	
08	**India** [índiə]	인도	
09	**wallet** [wálit]	지갑	
10	**station** [stéiʃən]	역	

Step 3

11	**direct** [dirékt]	감독하다	
12	**cereal** [síriəl]	시리얼	
13	**for breakfast** [fər brékfəst]	아침 식사로	
14	**poem** [póuəm]	시	

단어 듣고 따라 쓰기 연습

단어 연습장 공부법 2단계 | 진단평가, 수행평가 대비에 꼭 필요한 단어 복습 빈칸 넣기 문제입니다.

01	___o___ie	영화	06	___erma___y	독일	11	___ire___t	감독하다
02	___es___ect	존경하다	07	___ow___	마을	12	___er___al	시리얼
03	___aiting ___oom	대기실	08	I___di___	인도	13	for ___rea___fast	아침 식사로
04	___ail	실패하다	09	___all___t	지갑	14	___oe___	시
05	___ou___in	사촌	10	___ta___ion	역			

단어 연습장 공부법 3단계 | 단어를 다시 들으면서 큰 소리로 따라 읽어보세요.

UNIT 04

MP3 6권 단어 UNIT 04

학습한 날 :

단어 연습장 공부법 1단계 | 들려주는 단어를 잘 듣고, 옆의 빈칸에 세 번씩 써 보세요.

Step 1

01 **company** [kʌ́mpəni] 회사 — company

02 **giraffe** [dʒərǽf] 기린

03 **stay** [stei] 머무르다

04 **sick** [sik] 아픈

05 **Thailand** [táilænd] 태국

Step 2

06 **produce** [prədjúːs] 제작하다

07 **that long** [ðət lɔ(ː)ŋ] 그렇게 오래

08 **March** [mɑːrtʃ] 3월

09 **take a bath** [teik ə bæθ] 목욕하다

10 **model ship** [mɑ́dəl ʃip] 모형 배

11 **necklace** [néklis] 목걸이

12 **restroom** [réstrum] 화장실

Step 3

13 **try** [trai] 시도하다, 맛보다

14 **Greek** [griːk] 그리스의

15 **aunt** [ænt] 숙모, 이모

16 **test** [test] 시험

17 **leave** [liːv] ~을 두고 가다

18 **paper** [péipər] 보고서, 리포트

19 **these days** [ðiːz deiz] 요즘

단어 연습장 공부법 2단계 | 진단평가, 수행평가 대비에 꼭 필요한 단어 복습 빈칸 넣기 문제입니다.

01	___om___any	회사	08	___ar___h	3월	14	___reek	그리스의
02	___ira___fe	기린	09	___ake a ___ath	목욕하다	15	aun___	숙모, 이모
03	___ta___	머무르다	10	___odel ___hi___	모형 배	16	___est	시험
04	___ic___	아픈	11	___eck___ace	목걸이	17	lea___e	~을 두고 가다
05	T___a___land	태국	12	___es___room	화장실	18	___a___er	보고서, 리포트
06	___ro___uce	제작하다	13	___ry	시도하다, 맛보다	19	___hese ___ay___	요즘
07	___hat ___ong	그렇게 오래						

단어 연습장 공부법 3단계 | 단어를 다시 들으면서 큰 소리로 따라 읽어보세요.

UNIT 05 MP3 6권 단어 UNIT 05 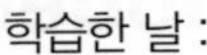 학습한 날 :

단어 연습장 공부법 1단계 | 들려주는 단어를 잘 듣고, 옆의 빈칸에 세 번씩 써 보세요.

Step 1

01 **weekend** [wíːkend] 주말 weekend

02 **last night** [læst nait] 어젯밤(에)

03 **several** [sévərəl] 몇몇의

04 **weather** [wéðər] 날씨

05 **the day before yesterday** [ðə dei bifɔ́ːr jéstərdei] 그저께

Step 2

06 **last year** [læst jiər] 작년(에)

07 **leave for** [liːv fər] ~을 향해 떠나다

Step 3

08 **grow up** [grou ʌp] 자라다

09 **take a shower** [teik ə ʃáuər] 샤워하다

10 **iron** [áiərn] 다리미질하다

11 **passport** [pǽspɔːrt] 여권

12 **tell a lie** [tel ə lai] 거짓말하다

13 **set the table** [set ðə téibl] 상을 차리다

단어 연습장 공부법 2단계 | 진단평가, 수행평가 대비에 꼭 필요한 단어 복습 빈칸 넣기 문제입니다.

01 ___eeken___ 주말	06 l___st ye___r 작년(에)	12 ___ell a li___ 거짓말하다
02 ___ast nig___t 어젯밤(에)	07 ___eav___ for ~을 향해 떠나다	13 s___t the ___able 상을 차리다
03 ___evera___ 몇몇의	08 ___ro___ up 자라다	
04 ___ea___her 날씨	09 ___ake a ___ho___er 샤워하다	
05 ___he day ___efore y___sterday 그저께	10 ___ro___ 다리미질하다	
	11 ___ass___ort 여권	

단어 연습장 공부법 3단계 | 단어를 다시 들으면서 큰 소리로 따라 읽어보세요.

UNIT 06

MP3 6권 단어 UNIT 06 학습한 날 :

단어 연습장 공부법 1단계 | 들려주는 단어를 잘 듣고, 옆의 빈칸에 세 번씩 써 보세요.

Step 1

01 **die** [dai] 죽다 die

02 **fall** [fɔːl] 떨어지다

03 **hit** [hit] 때리다, 치다

04 **lie** [lai] 눕다

05 **stop** [stɑp] 멈추다

06 **think** [θiŋk] 생각하다

Step 2

07 **dream** [driːm] 꿈

08 **enjoy** [indʒɔ́i] 즐기다

09 **keep a diary** 일기를 쓰다
[kiːp ə dáiəri]

10 **important** 중요한
[impɔ́ːrtənt]

11 **habit** 습관
[hæbit]

12 **health** 건강
[helθ]

Step 3

13 **balloon** 풍선
[bəlúːn]

14 **climb** 오르다, 올라가다
[klaim]

15 **mountain** 산
[máuntən]

16 **hard** 어려운, 힘든
[hɑːrd]

단어 연습장 공부법 2단계 | 진단평가, 수행평가 대비에 꼭 필요한 단어 복습 빈칸 넣기 문제입니다.

01 d___e 죽다	07 dr___a___ 꿈	13 b___llo___n 풍선
02 f___ll 떨어지다	08 e___j___y 즐기다	14 cli___b 오르다, 올라가다
03 h___t 때리다, 치다	09 k___ep a di___ry 일기를 쓰다	15 m___un___ain 산
04 l___e 눕다	10 imp___rta___t 중요한	16 h___rd 어려운, 힘든
05 st___p 멈추다	11 h___bit 습관	
06 t___i___k 생각하다	12 h___al___h 건강	

단어 연습장 공부법 3단계 | 단어를 다시 들으면서 큰 소리로 따라 읽어보세요.

UNIT 07

MP3 6권 단어 UNIT 07

학습한 날 :

단어 연습장 공부법 1단계 | 들려주는 단어를 잘 듣고, 옆의 빈칸에 세 번씩 써 보세요.

Step 1

01 **take a walk** [teik ə wɔːk] 산책하다 take a walk

02 **turn down** [təːrn daun] ~을 줄이다

03 **volume** [válјuːm] 볼륨, 음량

04 **flute** [fluːt] 플루트

05 **be interested in** [bi íntərəstəd in] ~에 관심이 있다

Step 2

06 **late** [leit] 늦은

07 **fire station** [fáiər stéiʃən] 소방서

08 **finish line** [fíniʃ lain] 결승선

Step 3

09 **point** [pɔint] 점수, 포인트

Step 4

10 **stay** [stei] 머무르다

단어 연습장 공부법 2단계 | 진단평가, 수행평가 대비에 꼭 필요한 단어 복습 빈칸 넣기 문제입니다.

01 t___ke a ___alk 산책하다
02 tu___n d___wn ~을 줄이다
03 v___lu___e 볼륨, 음량
04 ___lu___e 플루트
05 be int___re___ted in ~에 관심이 있다
06 l___te 늦은
07 fi___e st___tion 소방서
08 fi___ish l___ne 결승선
09 po___nt 점수, 포인트
10 s___ay 머무르다

단어 연습장 공부법 3단계 | 단어를 다시 들으면서 큰 소리로 따라 읽어보세요.

학습한 날 :

단어 연습장 공부법 1단계 | 들려주는 단어를 잘 듣고, 옆의 빈칸에 세 번씩 써 보세요.

Step 1	01	**plant** [plænt]	심다
	02	**plan** [plæn]	~할 계획이다
	03	**pleasant** [plézənt]	기분 좋은
	04	**comic book** [kámik buk]	만화책
	05	**decide** [disáid]	결심하다
Step 2	06	**hope** [houp]	희망하다, 바라다
	07	**kid** [kid]	아이
	08	**kite** [kait]	연
	09	**fly** [flai]	날리다, 날다
	10	**trip** [trip]	여행
	11	**bring** [briŋ]	가지고 오다
	12	**grade** [greid]	성적
	13	**vitamin** [váitəmin]	비타민
Step 3	14	**chopsticks** [tʃápstiks]	젓가락

plant

15 **soon** [suːn] 곧, 머지 않아

단어 연습장 공부법 2단계 | 진단평가, 수행평가 대비에 꼭 필요한 단어 복습 빈칸 넣기 문제입니다.

01	pl___n___	심다	06	h___pe	희망하다, 바라다	11	___ri___g	가지고 오다
02	pl___n	~할 계획이다	07	k___d	아이	12	gr___de	성적
03	pl___as___nt	기분 좋은	08	ki___e	연	13	___itam___n	비타민
04	co___ic bo___k	만화책	09	f___y	날리다, 날다	14	c___opst___cks	젓가락
05	d___c___de	결심하다	10	t___ip	여행	15	s______n	곧, 머지 않아

단어 연습장 공부법 3단계 | 단어를 다시 들으면서 큰 소리로 따라 읽어보세요.

UNIT 09

MP3 6권 단어 UNIT 09

학습한 날 :

초777_6_w9

단어 듣고 따라 쓰기 연습

단어 연습장 공부법 1단계 | 들려주는 단어를 잘 듣고, 옆의 빈칸에 세 번씩 써 보세요.

Step 1

01 **flower shop** [fláuər ʃɑp] 꽃가게 flower shop

02 **plant** [plænt] 식물

03 **look for** [luk fər] ~을 찾다

04 **like** [laik] ~같은, ~처럼

Step 2

05 **club** [klʌb] 동호회

06 **join** [dʒɔin] 가입하다

07 **French** [frentʃ] 프랑스어

08 **rest** 쉬다
[rest]

09 **grass** 잔디
[græs]

10 **weight** 몸무게
[weit]

11 **by train** 기차로
[bai trein]

12 **travel** 여행하다
[trǽvəl]

단어 연습장 공부법 2단계 | 진단평가, 수행평가 대비에 꼭 필요한 단어 복습 빈칸 넣기 문제입니다.

01	flo___e___s___op	꽃가게	05	c___ub	동호회	09	gr___s___	잔디
02	pl___n___	식물	06	j___in	가입하다	10	___eig___t	몸무게
03	l___ok ___or	~을 찾다	07	Fr___n___h	프랑스어	11	by tr___in	기차로
04	li___e	~같은, ~처럼	08	re___t	쉬다	12	tr___v___l	여행하다

단어 연습장 공부법 3단계 | 단어를 다시 들으면서 큰 소리로 따라 읽어보세요.

UNIT 10

MP3 6권 단어 UNIT 10

학습한 날 :

초777_6_w10

단어 연습장 공부법 1단계 | 들려주는 단어를 잘 듣고, 옆의 빈칸에 세 번씩 써 보세요.

Step 1

01 **sleepy** 졸리운
[slíːpi]

sleepy

02 **normal** 정상적인, 일반적인
[nɔ́ːrməl]

03 **expect** 기대하다
[ikspékt]

04 **someday** 언젠가
[sʌ́mdèi]

05 **police officer** 경찰관
[pəlíːs ɔ́(ː)fisər]

06 **wish** 바라다
[wiʃ]

Step 2

07 **city** 도시
[síti]

08 **cell phone** 휴대전화
[sel foun]

09 **agree** 동의하다
[əgríː]

10 **future** 미래
[fjúːtʃər]

11 **stage** 무대
[steidʒ]

12 **bathroom** 화장실
[bǽθrù(ː)m]

Step 3

13 **novel** 소설
[nάvəl]

14 **save** 절약하다
[seiv]

15 **used car** 중고차
[juːzd kaːr]

단어 연습장 공부법 2단계 | 진단평가, 수행평가 대비에 꼭 필요한 단어 복습 빈칸 넣기 문제입니다.

01 sl____py 졸리운
02 n__r__al 정상적인, 일반적인
03 e__p__ct 기대하다
04 s__m__d__y 언젠가
05 p__li__e o__fi__er 경찰관
06 w__sh 바라다
07 c__t__ 도시
08 c__ll ph__ne 휴대전화
09 a__r__e 동의하다
10 f__tu__e 미래
11 __ta__e 무대
12 b__th__o__m 화장실
13 n__v__l 소설
14 sa__e 절약하다
15 u__ed c__r 중고차

단어 연습장 공부법 3단계 | 단어를 다시 들으면서 큰 소리로 따라 읽어보세요.

단어 연습장 공부법 1단계 | 들려주는 단어를 잘 듣고, 옆의 빈칸에 세 번씩 써 보세요.

Step 1

01 **humorous** [hjú:mərəs] 재미있는 humorous

Step 3

02 **run away** [rʌn əwéi] 도망가다

03 **unhappy** [ʌnhǽpi] 불행한

04 **once upon a time** [wʌns əpán ə taim] 옛날 옛날에

05 **prince** [prins] 왕자

06 **invite** [inváit] 초대하다

07 **be from** [bi frəm] ~ 출신이다, ~에서 오다

Step 4

08 **be full of** [bi ful əv] ~로 가득차 있다

09 **healthy** [hélθi] 건강한

10 **raise** [reiz] 기르다

11 **turtle** [tə́:rtl] 거북

12 **lie** [lai] 눕다

13 **make fun of** [meik fʌn əv] ~을 놀리다

14 **grass** [græs] 풀

15 **invent** [invént] 발명하다

16 **mind** [maind] 마음, 생각

단어 연습장 공부법 2단계 | 진단평가, 수행평가 대비에 꼭 필요한 단어 복습 빈칸 넣기 문제입니다.

01 h___mor___us 재미있는
02 run ___way 도망가다
03 ___nh___ppy 불행한
04 ___nce upon a time 옛날 옛날에
05 ___rin___e 왕자
06 invi___e 초대하다
07 be ___rom ~ 출신이다, ~에서 오다
08 be ___ull of ~로 가득차 있다
09 ___eal_____y 건강한
10 ___ais___ 기르다
11 ___ur___le 거북
12 ___ie 눕다
13 make ___un of ~을 놀리다
14 ___rass 풀
15 ___nv___nt 발명하다
16 ___ind 마음, 생각

단어 연습장 공부법 3단계 | 단어를 다시 들으면서 큰 소리로 따라 읽어보세요.

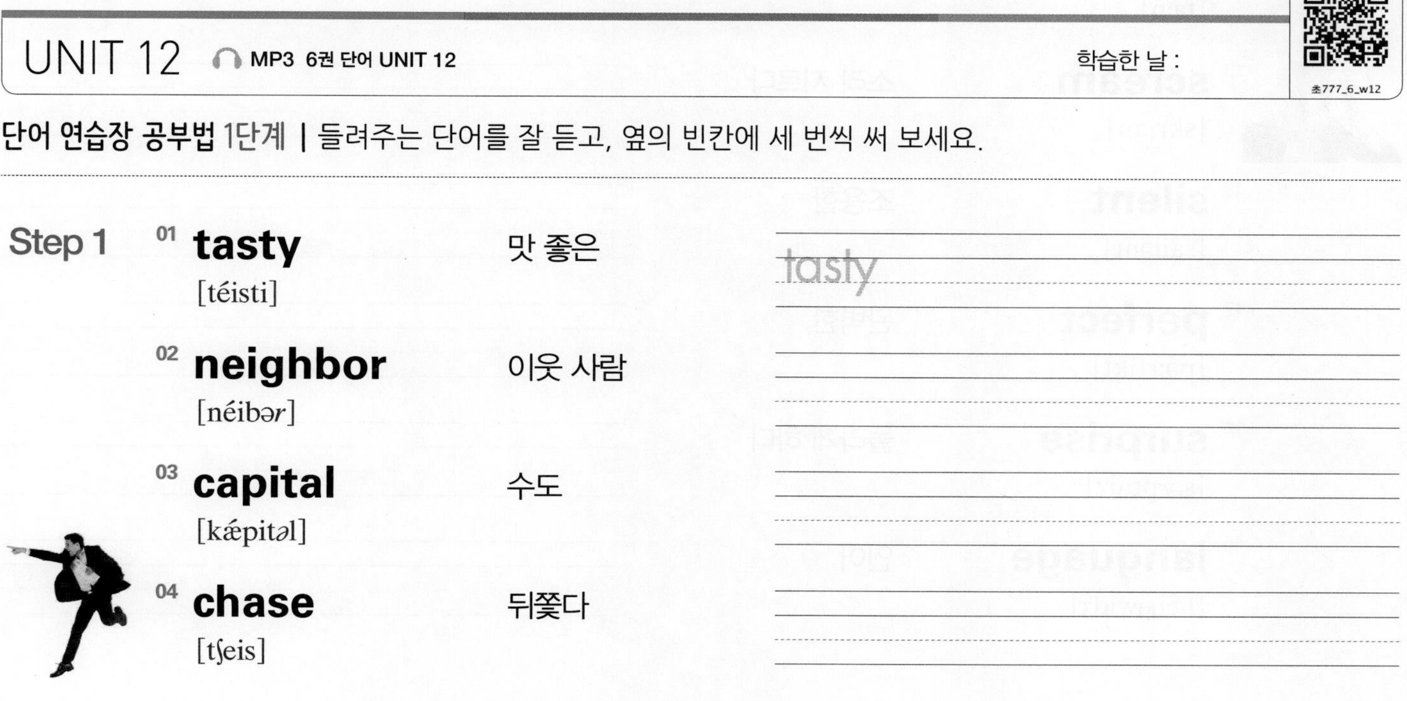

UNIT 12

MP3 6권 단어 UNIT 12 학습한 날 :

초777_6_w12

단어 연습장 공부법 1단계 | 들려주는 단어를 잘 듣고, 옆의 빈칸에 세 번씩 써 보세요.

Step 1

01 **tasty** [téisti] 맛 좋은 tasty

02 **neighbor** [néibər] 이웃 사람

03 **capital** [kǽpitəl] 수도

04 **chase** [tʃeis] 뒤쫓다

	05	**cupcake** [kʌ́pkeik]	컵케이크
Step 2	06	**grade** [greid]	성적
	07	**be good at** [bi gud æt]	~을 잘하다
	08	**save** [seiv]	구하다
	09	**life** [laif]	생명
	10	**accident** [ǽksidənt]	사고
	11	**the poor** [ðə puər]	가난한 사람들
	12	**get married** [get mǽrid]	결혼하다
Step 3	13	**all over the world** [ɔːl óuvər ðə wəːrld]	전 세계에서
	14	**fan** [fæn]	팬, 지지자
	15	**scream** [skriːm]	소리 지르다
	16	**silent** [sáilənt]	조용한
	17	**perfect** [pə́ːrfikt]	완벽한
	18	**surprise** [sərpráiz]	놀라게 하다
	19	**language** [lǽŋgwidʒ]	언어

단어 연습장 공부법 2단계 | 진단평가, 수행평가 대비에 꼭 필요한 단어 복습 빈칸 넣기 문제입니다.

01 ___as___y 맛 좋은
02 ___eigh___or 이웃 사람
03 ___apita___ 수도
04 ___hase 뒤쫓다
05 ___upc___ke 컵케이크
06 ___rad___ 성적
07 ___e___ood at ~을 잘하다
08 ___ave 구하다
09 lif___ 생명
10 ___cci___ent 사고
11 the ___oor 가난한 사람들
12 ___et___arried 결혼하다
13 all___ver the___orld 전 세계에서
14 ___an 팬, 지지자
15 ___cre___m 소리 지르다
16 ___ilen___ 조용한
17 ___er___ect 완벽한
18 ___ur___rise 놀라게 하다
19 la___gu___ge 언어

단어 연습장 공부법 3단계 | 단어를 다시 들으면서 큰 소리로 따라 읽어보세요.

UNIT 13

MP3 6권 단어 UNIT 13 학습한 날 :

초777_6_w13

단어 연습장 공부법 1단계 | 들려주는 단어를 잘 듣고, 옆의 빈칸에 세 번씩 써 보세요.

Step 1
01 **market** [má:rkit] 시장 market
02 **own** [oun] 소유하다

Step 2
03 **road** [roud] 길, 도로
04 **most** [moust] 대부분의
05 **recommend** [rèkəménd] 추천하다
06 **copy** [kɑ:pi] 복사하다

Step 3
07 **shirt** [ʃə:rt] 셔츠
08 **son** [sʌn] 아들

09 **pay for** [pei fər] 지불하다

10 **farm** [fɑːrm] 농장

11 **hang** [hæŋ] 걸다

단어 연습장 공부법 2단계 | 진단평가, 수행평가 대비에 꼭 필요한 단어 복습 빈칸 넣기 문제입니다.

01	____ar___et	시장	05	re___om___end	추천하다	09	___ay___or	지불하다
02	___wn	소유하다	06	___op___	복사하다	10	___arm	농장
03	r___a___	길, 도로	07	___hir___	셔츠	11	___ang	걸다
04	___ost	대부분의	08	___on	아들			

단어 연습장 공부법 3단계 | 단어를 다시 들으면서 큰 소리로 따라 읽어보세요.

UNIT 14

MP3 6권 단어 UNIT 14

학습한 날 :

초777_6_w14

단어 연습장 공부법 1단계 | 들려주는 단어를 잘 듣고, 옆의 빈칸에 세 번씩 써 보세요.

Step 1

01 **trust** [trʌst] 믿다 trust

02 **museum** [mjuzí(:)əm] 박물관

03 **successful** [səksésfəl] 성공적인

04 **ring** [riŋ] 반지

Step 2

05 **useful** [júːsfəl] 유용한

06 **true** 진실의, 참인
[truː]

07 **shocking** 충격적인
[ʃákiŋ]

08 **accept** 받아들이다
[əksépt]

09 **offer** 제안하다
[ɔ́(ː)fər]

Step 3

10 **understand** 이해하다
[ʌ̀ndərstǽnd]

11 **precious** 귀중한
[préʃəs]

12 **lesson** 교훈
[lésən]

단어 연습장 공부법 2단계 | 진단평가, 수행평가 대비에 꼭 필요한 단어 복습 빈칸 넣기 문제입니다.

01	___rus___	믿다	05	us___ful	유용한	09	___ffe___	제안하다
02	____us___um	박물관	06	tru___	진실의, 참인	10	___nders___and	이해하다
03	___ucce___sful	성공적인	07	___ho___king	충격적인	11	___reci___us	귀중한
04	___in___	반지	08	___cc___pt	받아들이다	12	___ess___n	교훈

단어 연습장 공부법 3단계 | 단어를 다시 들으면서 큰 소리로 따라 읽어보세요.

UNIT 15

MP3 6권 단어 UNIT 15

학습한 날 :

초777_6_w15

단어 연습장 공부법 1단계 | 들려주는 단어를 잘 듣고, 옆의 빈칸에 세 번씩 써 보세요.

Step 1

01 **reason** 이유
[ríːzən]

reason

02 **dining room** (가정, 호텔 내의) 식당
[dáiniŋ ru(ː)m]

03 **snowy** [snóui] 눈 내리는

Step 2

04 **forget** [fərgét] 잊다

05 **moment** [móumənt] 순간

06 **hug** [hʌg] 포옹하다

07 **write down** [rait daun] ~을 적다

08 **explain** [ikspléin] 설명하다

Step 3

09 **artist** [ɑ́:rtist] 화가, 예술가

10 **leave** [li:v] 떠나다

Step 4

11 **remember** [rimémbər] 기억하다

12 **date** [deit] (남녀 간의) 데이트

단어 연습장 공부법 2단계 | 진단평가, 수행평가 대비에 꼭 필요한 단어 복습 빈칸 넣기 문제입니다.

01 ___easo___ 이유	05 m___me___t 순간	10 ___ea___e 떠나다
02 ___ining room (가정, 호텔 내의) 식당	06 ___ug 포옹하다	11 ___eme___ber 기억하다
03 ___no___y 눈 내리는	07 ___rite ___own ~을 적다	12 ___a___e (남녀 간의) 데이트
04 ___org___t 잊다	08 ___x___lain 설명하다	
	09 ___rti___t 화가, 예술가	

단어 연습장 공부법 3단계 | 단어를 다시 들으면서 큰 소리로 따라 읽어보세요.

정답 p. 112

아래 그림에 해당하는 단어를 찾아 동그라미 하세요.

R	S	M	B	A	N	A	N	A
W	T	P	Z	L	R	K	X	P
U	B	C	N	Q	U	C	S	P
G	J	H	A	D	M	J	A	L
A	L	E	O	R	A	N	G	E
L	F	E	X	T	R	I	N	Q
D	M	S	W	P	G	O	Z	C
K	I	E	P	O	T	A	T	O

MBC 공부가 머니? 추천 화제의 도서

초등영문법 777 동영상강의

초등 영어 교과서, 학교 시험 완벽 분석 반영한 초등영문법 강의

초등 영문법
쉽고 재미있게 학습 해보세요!

김유경 선생님

이화여자대학교 영어영문학과 **현** 평촌 김영부학원 영어강사
현 목동씨앤씨 특목 입시 전문학원 영어강사 **현** 메가스터디 엠베스트 영어강사
전 EBSlang〈알쓸신영〉공개강의 진행 **전** 신촌메가스터디 재수종합학원 영어강사

강의구성

교재명	가격		강의 수	수강기간	혜택
초등영문법 777 0권	5,900원		18강	150일 무료 수강연장 1회	북포인트 지급
초등영문법 777 1권	5,900원		20강	150일 무료 수강연장 1회	북포인트 지급
초등영문법 777 2권	5,900원		20강	150일 무료 수강연장 1회	북포인트 지급
초등영문법 777 3권	5,900원		20강	150일 무료 수강연장 1회	북포인트 지급
초등영문법 777 4권	5,900원		20강	150일 무료 수강연장 1회	북포인트 지급
초등영문법 777 5권	5,900원		20강	150일 무료 수강연장 1회	북포인트 지급
초등영문법 777 6권	5,900원		20강	150일 무료 수강연장 1회	북포인트 지급
초등영문법 777 0~6권	29,900원		138강	365일 무료 수강연장 1회	북쿠폰 1매 + 북포인트 지급
프리패스 이용권	연 이용권	99,000원	마더텅 동영상강의 모든 과정을 수강할 수 있습니다. (중학영문법 3800제 전과정, 중학수학 뜀틀 개념편, 유형편 전과정 등 초중고 50여개 강의 포함)	365일	북쿠폰 3매 + 북포인트 지급
	월 이용권	9,900원		30일	북포인트 지급
		14,900원			월 결제 시마다 북쿠폰 1매 + 북포인트 지급

문의전화 1661-1064 07:00~22:00 **www.toptutor.co.kr** 포털에서 마더텅 검색

마더텅 학습 교재 이벤트에 참여해 주세요. 참여해 주신 모든 분께 선물을 드립니다.

이벤트 1 1분 간단 교재 사용 후기 이벤트

마더텅은 고객님의 소중한 의견을 반영하여 보다 좋은 책을 만들고자 합니다.
교재 구매 후, <교재 사용 후기 이벤트>에 **참여해 주신 모든 분**께는 감사의 마음을 담아 **모바일 문화상품권 1천 원권**을 보내 드립니다.
지금 바로 QR 코드를 스캔해 소중한 의견을 보내 주세요!

이벤트 2 학습계획표 이벤트

STEP 1 책을 다 풀고 SNS 또는 수험생 커뮤니티에 작성한 학습계획표 사진을 업로드
필수 태그 #마더텅 #초등영어 #초등영문법777 #학습계획표 #공스타그램
SNS/수험생 커뮤니티 페이스북, 인스타그램, 블로그, 네이버/다음 카페 등

STEP 2 왼쪽 QR 코드를 스캔하여 작성한 게시물의 URL 인증

참여해 주신 모든 분께는 감사의 마음을 담아 **CU 모바일 편의점 상품권 1천 원권** 및 **B 북포인트 2천 점**을 드립니다.

이벤트 3 블로그/SNS 이벤트

STEP 1 자신의 블로그/SNS 중 하나에 마더텅 교재에 대한 사용 후기를 작성
필수 태그 #마더텅 #초등영어 #초등영문법777 #교재리뷰 #공스타그램
필수 내용 마더텅 교재 장점, 교재 사진

STEP 2 왼쪽 QR 코드를 스캔하여 작성한 게시물의 URL 인증

참여해 주신 모든 분께는 감사의 마음을 담아 **CU 모바일 편의점 상품권 2천 원권** 및 **B 북포인트 3천 점**을 드립니다.
매달 우수 후기자를 선정하여 **모바일 문화상품권 2만 원권**과 **B 북포인트 1만 점**을 드립니다.

B 북포인트란? 마더텅 인터넷 서점 **http://book.toptutor.co.kr**에서 교재 구매 시 현금처럼 사용할 수 있는 포인트입니다.

※자세한 사항은 해당 QR 코드를 스캔하거나 홈페이지 이벤트 공지글을 참고해 주세요.
※당사 사정에 따라 이벤트의 내용이나 상품이 변경될 수 있으며 변경 시 홈페이지에 공지합니다. ※만 14세 미만은 부모님께서 신청해 주셔야 합니다.
※상품은 이벤트 참여일로부터 2~3일(영업일 기준) 내에 발송됩니다. ※동일 교재로 세 가지 이벤트 모두 참여 가능합니다. (단, 같은 이벤트 중복 참여는 불가합니다.)
※이벤트 기간: 2024년 12월 31일까지 (*해당 이벤트는 당사 사정에 따라 조기 종료될 수 있습니다.)

정답 및 해석 UNIT 01 ~ UNIT 15

UNIT 01 현재완료시제 본문 p.02

Step 1

02 eaten 03 been 04 cut
05 met 06 cleaned 07 gone
08 bought 09 run 10 loved
11 paid 12 sung 13 lived
14 studied

Step 2

02 driven 03 came 04 fallen
05 read 06 wore 07 sat
08 taken

Step 3

02 Sam has eaten the biscuits.
Sam은 그 비스킷들을 먹어버렸다.
03 I have bought a big octopus.
나는 큰 문어를 사놨다.
04 I have sent an e-mail to her.
나는 그녀에게 이메일을 보냈다.
05 I have lived in Seoul.
나는 서울에 쭉 살고 있다.
06 Tom has broken the window.
Tom이 그 창문을 깨뜨렸다.
07 She has loved him.
그녀는 그를 사랑해왔다.
08 I have run to my grandmother's house.
나는 할머니댁으로 달려가 버렸다.
09 He has cut the carrot.
그는 그 당근을 잘라버렸다.

UNIT 02 현재완료시제 용법 '완료, 계속' 본문 p.06

Step 1

02 yet 03 already 04 just
05 already 06 just 07 just
08 just 09 already 10 yet
11 already 12 just 13 yet

Step 2

02 since 03 for 04 for
05 for 06 since 07 since
08 for 09 since 10 since
11 for 12 since

Step 3

02 He has just released his second album.
그는 그의 두 번째 앨범을 막 발매했다.
03 They have just returned home.
그들은 방금 집에 돌아왔다.
04 I have already done my homework.
나는 이미 나의 숙제를 마쳤다.
05 I haven't read the book yet.
나는 그 책을 아직 읽지 못했다.
06 I have already given you a lot of information.
나는 이미 너에게 많은 정보를 줬다.
07 Sumi has been ill for a week.
수미는 일주일 동안 계속 아팠다.

UNIT 03 현재완료시제 용법 '결과, 경험' 본문 p.10

Step 1

02 gone 03 not been 04 made
05 been 06 respected 07 worked
08 waited 09 read 10 bought
11 visited 12 failed 13 watched
14 listened 15 taken 16 collected
17 lived 18 been 19 gone
20 eaten

Step 2

02 ○ 03 ×(경험) 04 ×(계속)
05 ×(계속) 06 ○ 07 ○
08 ○ 09 ○ 10 ○
11 ×(경험) 12 ×(경험) 13 ○

Step 3

02 She has gone into the conference room.
그녀는 회의실 안으로 들어가버렸다.
03 I haven't directed this movie.
나는 이 영화를 감독하지 않았다.
04 I have been to Busan three times.
나는 부산에 세 번 가본 적이 있다.
05 She has been to England.
그녀는 영국에 가본 적이 있다.
06 She has had cereal for breakfast.
그녀는 아침 식사로 시리얼을 먹었다.
07 I've written this poem.
나는 이 시를 썼다.

UNIT 04 현재완료시제 의문문 본문 p.14

Step 1

02 Have you seen her before?
너는 예전에 그녀를 본 적이 있니?
03 How have you been?
너는 어떻게 지냈니?
04 Have you ever seen a giraffe?
너는 기린을 본 적이 있니?
05 How long have you stayed here?
너는 여기 얼마나 오래 머물렀니?
06 How long have you been sick?
너는 얼마나 오래 아팠니?
07 How long has he lived in Italy?
그는 얼마나 오래 이탈리아에 살았니?
08 Have you ever been abroad?
너는 외국에 가본 적이 있니?
09 Has she gone to Thailand?
그녀는 태국으로 가버렸니?
10 Have you ever been to Japan?
너는 일본에 가본 적이 있니?

Step 2

02 Has he lived here for a long time?
그는 여기서 오랫동안 살았니?
03 Has she produced this movie?
그녀가 이 영화를 제작했나요?
04 Have you been here that long?
너 여기에 그렇게 오래 있었니?
05 Has he eaten the candies?
그는 사탕을 먹었니?
06 Have you earned a lot of money?
너는 돈을 많이 벌었니?
07 Has he known her for three years?
그는 그녀를 3년간 알고 지냈니?
08 Has she studied English since March?
그녀는 3월 이후로 영어를 공부했니?
09 Has she taken a bath?
그녀는 목욕을 했니?
10 Has he made a model ship?
그는 모형 배를 만들었니?
11 Has she lost her necklace?
그녀는 목걸이를 잃어 버렸니?
12 Has he gone to the restroom?
그는 화장실에 갔니?

Step 3

02 Have we 03 Has
04 She has 05 have you
06 you worked 07 Have
08 have 09 Has he
10 How long have 11 Have you just
12 Where has he

UNIT 05 현재완료시제와 과거시제의 비교 본문 p.18

Step 1

02 was 03 have lived
04 has been 05 washed
06 met 07 has been
08 worked 09 has known
10 have lived 11 was
12 wasn't 13 haven't read
14 haven't driven

Step 2

02 She has written books in Busan since last year. 그녀는 작년부터 부산에서 책을 썼다.
03 He saw his friend last week.
그는 그의 친구를 지난주에 봤다.
04 I haven't eaten anything since this morning.
나는 오늘 아침 이후로 아무것도 먹지 않았다.
05 She left for Italy three months ago.
그녀는 3개월 전에 이탈리아로 떠났다.
06 David lived there a long time ago.
David는 오래 전에 거기에서 살았다.
07 I cut my finger yesterday.
나는 어제 손을 베었다.
08 I ate lunch an hour ago.
나는 한 시간 전에 점심 식사를 했다.
09 I haven't heard from him since yesterday.
나는 어제 이후로 그의 소식을 듣지 못했다.
10 I played tennis a week ago.
나는 일주일 전에 테니스를 쳤다.
11 I came here at 5 p.m.
나는 여기에 오후 5시에 왔다.
12 I went shopping with my sister last week.
나는 지난주에 여동생과 쇼핑을 갔다.
13 I bought a new smartphone yesterday.
나는 어제 새 스마트폰을 샀다.

Step 3

02 My sister has grown up in Canada.
나의 여동생은 캐나다에서 자랐다.
03 I have bought a new car.
나는 새 차 한 대를 샀다.
04 I have taken a shower.
나는 샤워를 했다.

05 I have arrived here.
나는 여기에 도착했다.
06 He has ironed his shirt.
그는 그의 셔츠를 다리미질했다.
07 I have lost my passport.
나는 나의 여권을 잃어버렸다.
08 He has gone to Spain.
그는 스페인으로 가버렸다.
09 She has been in Russia.
그녀는 러시아에 간 적이 있다.
10 You have told a lie to him.
너는 그에게 거짓말을 했다.
11 They have set the table for us.
그들은 우리를 위해 상을 차렸다.
12 We have sat on the beach.
우리는 해변에 앉았다.

UNIT 01~05 실전테스트 본문 p.22

01 ③
02 과거형 – sang, was, were
과거분사형 – been, sung
03 (b)een
04 ④
05 ②
06 since
07 ①–ⓒ, ②–ⓐ, ③–ⓑ
08 ②, ④
①: 완료, ③: 결과
09 yet
10 just
11 경험, 결과, 계속, 완료
12 How long, since
13 already
14 before
15 have lost
16 has been
17 u, s
18 f, r
19 ③
20 그는 전에 미국에 가본 적이 있다.
21 그는 미국으로 가버렸다.
22 Tom은 아직 돌아오지 않았다.
23 너는 여기에서 얼마나 오래 살았니[살아왔니]?
24 너는 지금까지 기린을 본 적이 있니?
25 ④
①: 완료, ②: 계속, ③: 결과
26 How, for
27 was
28 studied
29 He has gone to France.
그는 프랑스로 가버렸다.
30 I have known him for a long time.
나는 그를 오랫동안 알아 왔다.

UNIT 06 동명사의 역할과 동명사 만들기 본문 p.26

Step 1
02 dying
03 eating
04 falling
05 hitting
06 lying
07 riding
08 stopping
09 thinking
10 writing

Step 2
02 주어
03 목적어
04 목적어
05 보어
06 목적어
07 목적어
08 주어
09 보어
10 주어

Step 3
02 play → playing
03 walk → walking
04 do → doing
05 Climb → Climbing
06 read → reading
07 eat → eating
08 Write → Writing
09 draw → drawing
10 sing → singing

UNIT 07 동명사와 함께 쓰는 동사들 본문 p.30

Step 1
02 taking
03 swimming
04 watching
05 doing
06 keeping
07 turning
08 playing
09 learning
10 telling

Step 2
02 cleaning
03 being
04 showing
05 having
06 running

Step 3
02 solving
03 losing
04 spending
05 writing
06 cleaning

Step 4
02 그녀는 이 영화 보기를 기대하고 있다.
03 지아는 채소 먹는 것을 꺼리지 않는다.
04 나는 설거지하는 것을 끝냈다.
05 Jack은 방과 후에 수영하는 것을 연습했다.
06 그녀는 아버지와 낚시를 하러 갔다.
07 그들은 프랑스로 떠나는 것을 포기했다.
08 우리와 함께 머무르는 게 어때?

UNIT 08 to부정사의 역할과 to부정사 만들기 본문 p.34

Step 1
02 to plant
03 to eat
04 to go
05 to play
06 To cook
07 to drink
08 to know
09 to sing
10 to read
11 to marry

Step 2
02 to go
03 to fly
04 to eat
05 to go
06 to bring
07 to play
08 to get
09 to study
10 to be
11 to go
12 to read

Step 3
02 To study English is fun.
영어를 공부하는 것은 재미있다.
03 To take pictures is my hobby.
사진을 찍는 것은 나의 취미이다.
04 Mary hopes to go there.
Mary는 그곳에 가기를 희망한다.
05 He needs to build a larger house.
그는 더 큰 집을 지을 필요가 있다.
06 I am glad to meet you.
나는 너를 만나서 기쁘다.
07 She wants to meet him soon.
그녀는 그를 곧 만나기를 원한다.
08 They like to swim in the river.
그들은 강에서 수영하는 것을 좋아한다.

UNIT 09 to부정사의 용법–명사, 형용사, 부사 본문 p.38

Step 1
02 수영하기를: 명사적 용법
03 주어서: 부사적 용법
04 공부하는 것은: 명사적 용법
05 말해서: 부사적 용법
06 먹을: 형용사적 용법
07 가지고 있어서: 부사적 용법
08 되는 것: 명사적 용법
09 말할: 형용사적 용법
10 생각하는 것을: 명사적 용법

Step 2
02 to make pasta
03 the first man to invent
04 something to drink
05 hard to learn
06 to hear the news
07 to rest
08 to sit on
09 To drink water
10 to ride a bicycle
11 to play badminton
12 to lose her weight
13 to travel by train

UNIT 10 to부정사와 함께 쓰는 동사들 본문 p.42

Step 1
02 to read
03 to drink
04 to meet
05 playing
06 to get
07 to be
08 learning
09 To fix
10 to travel
11 to live
12 to take

Step 2
02 to go
03 to sell
04 to play
05 to join
06 to make[making]
07 to swim[swimming]
08 to pass
09 to be
10 to do
11 to dance[dancing]
12 to sing[singing]
13 to clean
14 to be
15 to wear[wearing]

Step 3
02 staying → to stay
03 writing → to write
04 saving → to save
05 getting → to get
06 get → to get
07 buy → to buy

Step 4
02 hate
03 continue
04 like
05 love
06 begin

UNIT 06~10 실전테스트 본문 p.46

01 playing
02 to do
03 to watch[watching]
04 to collect[collecting]
05 opening
06 listening, reading
07 read
08 listening[to listen], watching[to watch]
09 to play[playing]
10 watching, playing
11 to grow[growing]
12 to eat
13 to go
14 to win
15 Playing[To play]
16 is to make a beautiful world
17 to play games
18 to pass the exam
19 to borrow some books
20 to study Japanese
21 형용사적
22 부사적
23 명사적
24 형용사적
25 명사적
26 playing
27 to put
28 Her job is to teach math.
그녀의 직업은 수학을 가르치는 것이다.
29 He enjoys taking pictures.
그는 사진 찍는 것을 즐긴다.

30 I would like to invite you to the party.
나는 너를 파티에 초대하고 싶다.

UNIT 11 관계대명사 본문 p.50

Step 1

02 who 03 which 04 that
05 whose 06 whom

Step 2

02 the girl 03 the book
04 some photos 05 a man
06 the students

Step 3

02 which 03 who 04 which
05 which 06 who 07 whose
08 who 09 who 10 which
11 whose 12 who 13 which
14 that

Step 4

02 ○ 03 × 04 ○
05 × 06 × 07 ○
08 ○ 09 × 10 ○
11 ○ 12 ×

UNIT 12 관계대명사 '주격' 본문 p.54

Step 1

02 She has a white watch which[that] is very big.
그녀는 매우 커다란 하얀 손목시계를 하고[가지고] 있다.
03 I have a friend who[that] lives in America.
나는 미국에 사는 친구가 하나 있다.
04 This is the dog which[that] barked at my neighbor last night.
이것은 어젯밤 나의 이웃에게 짖었던 그 개이다.
05 My father made the movie which[that] became famous.
나의 아버지는 유명해진 그 영화를 만드셨다.
06 I looked at the picture which[that] was on the wall.
나는 벽에 걸린 그 사진을 보았다.
07 She went to Washington D.C. which[that] is the capital of the US.
그녀는 미국의 수도인 Washington D.C.로 갔다.
08 We bought a bicycle which[that] was blue and fast.
우리는 파란색의 빠른 자전거를 샀다.
09 I met a friend of yours who[that] worked at the bank.
나는 은행에서 일했던 너의 친구 중 한 명을 만났다.
10 The dog is chasing a butterfly which[that] is flying around the flowers.
그 개는 꽃들 주변을 날아다니는 나비 한 마리를 쫓고 있다.
11 She is making cupcakes which[that] are for her mother.
그녀는 그녀의 어머니를 위한 컵케익을 만들고 있다.
12 She is a good kid who[that] helps her parents.
그녀는 그녀의 부모님을 도와드리는 좋은 아이다.

Step 2

02 which 03 who 04 who
05 who 06 who 07 that
08 that 09 who 10 who
11 that 12 that

Step 3

02 which[that] 03 who[that]
04 who[that] 05 which[that]
06 which[that] 07 who[that]
08 which[that] 09 which[that]
10 who[that]

UNIT 13 관계대명사 '목적격' 본문 p.58

Step 1

02 whom 03 which 04 which
05 which 06 whom 07 that
08 which 09 which 10 that

Step 2

02 which[that] my mom bought for us
03 which[that] I gave him
04 which[that] I threw to her
05 which[that] he loved
06 which[that] I can see from my house
07 which[that] we have to pass
08 which[that] most people love
09 which[that] I recommended
10 which[that] I made for her
11 which[that] we use in class

Step 3

02 that 03 whom 04 whom
05 that 06 which 07 whom
08 whom 09 whom 10 that
11 that 12 that 13 which
14 which 15 which

UNIT 14 주의해야 할 관계대명사 용법과 what 본문 p.62

Step 1

02 that 03 who
04 생략할 수 있는 부분 없음 05 which
06 which 07 생략할 수 있는 부분 없음
08 that 09 which
10 생략할 수 있는 부분 없음 11 that
12 which

Step 2

02 그가 할 수 있는 것
03 내가 지금 필요한 것
04 그가 말했던 것
05 네가 네 주머니 속에 가지고 있는 것
06 네가 나에게 줬던 것
07 내가 원하는 것
08 내가 너로부터 들었던 것
09 그녀가 좋아하는 것
10 그가 제안했던 것

Step 3

02 what 03 ○
04 who[that] 05 ○
06 which[that] 07 ○
08 ○ 09 who[that]
10 What

UNIT 15 관계부사 본문 p.66

Step 1

02 why 03 where 04 how
05 where 06 when 07 how
08 why 09 where 10 when

Step 2

02 the way, how 03 where
04 where 05 why

Step 3

02 where 03 why 04 when

Step 4

02 너는 네가 데이트에 매우 늦었던 그 날을 기억하니?
03 나는 네가 일했던 식당에서 점심을 먹었다.
04 아무도 그녀가 뉴욕으로 이사간 이유를 나에게 말해주지 않는다.
05 제가 거기에 갈 수 있는 방법을 알려주시겠어요?

UNIT 11~15 실전테스트 본문 p.70

01 when
02 where
03 why
04 ②
whom → who[that]
05 that, 너는 내가 추천했던 영화 좋아하니?
06 that, 그는 내가 빌릴 수 있는 어떤 지우개도 가지고 있지 않다.
07 whom, 쟤가 내가 디즈니 월드에서 봤던 소년이야.
08 which, 너 네가 잃어버렸던 펜 찾았니?
09 He likes the teacher who[that] teaches English in his school.
그는 그의 학교에서 영어를 가르치시는 그 선생님을 좋아한다.
10 She keeps a cat which[that] jumps a lot.
그녀는 점프를 많이 하는 고양이를 키운다.
11 A man who[that] was sitting next to me was reading a book.
내 옆에 앉아 있던 남자는 책을 읽고 있었다.
12 A truck which[that] was carrying food stopped at a gas station.
음식을 싣고 가고 있던 트럭이 주유소에 멈췄다.
13 We should remember the people who[that] clean the building for us.
우리는 우리를 위해 그 건물을 청소하는 사람들을 기억해야 한다.
14 This is the movie which[that] we watched three times.(관계대명사 생략 가능)
이것이 우리가 세 번 본 그 영화이다.
15 ①
16 ④
17 ②
18 ②
19 ①
20 ③
21 ④
①, ②, ③: 목적격 관계대명사, ④: 주격 관계대명사
22 what[What]
23 who[that]
24 ③, ④
25 how
26 when
27 who[whom / that]
28 where
29 What I need is water.
내게 필요한 것은 물이다.
30 What he has to do is his homework.
그가 해야 하는 것은 숙제이다.

정답 및 해석

UNIT 01~15 총괄평가 1회 본문 p.74

01 ②
① read–reading ③ study–studying
④ run–running

02 ②
① lie–lying ③ stop–stopping ④ play–playing

03 Have you seen

04 How long

05 ③
hope 뒤에는 to부정사가 온다.

06 ④
mind 뒤에는 동명사가 온다.

07 ②
①, ③, ④ 부사적 용법 ② 명사적 용법

08 ③
①, ② 명사적 용법 ③ 형용사적 용법 ④ 부사적 용법

09 ③
①, ② 부사적 용법 ③ 명사적 용법 ④ 형용사적 용법

10 ③ **11** ③

12 ④ **13** ①

14 went **15** ②

16 ④ **17** ①

18 ② **19** ③

20 ③ **21** ①

22 ② **23** ③

24 ②
① : 결과 ③, ④ : 계속

25 ①

26 ③
과거시제를 나타내는 in 2013과 현재완료시제를 같이 쓸 수 없음.

27 which[that] **28** ④

29 ①
선행사가 사물(story books)이므로 목적격 관계대명사 which를 써야 한다.

30 ②

31 just
just : 막, 방금

32 which[that] **33** ①

34 ③
③ : 계속 ①, ②, ④ : 완료

35 ③
decide, want, plan은 to부정사를 목적어로 취하고 enjoy는 동명사를 목적어로 취한다.

36 ③
① getting → to get
② going → to go
④ to close → closing

37 ④ **38** ①

39 to clean **40** ③

UNIT 01~15 총괄평가 2회 본문 p.80

01 to go **02** to help

03 to give **04** cleaning

05 entering

06 are → is
주어인 동명사는 단수취급

07 study → studying
전치사 about 뒤에는 동명사

08 Have you ever been to Jejudo?
너 제주도에 가본 적 있니?

09 ④

10 ③
과거시제를 나타내는 부사 ago는 현재완료시제 문장에서 쓸 수 없음.

11 ①
need, hope, wish의 뒤에는 to부정사가 온다.

12 when **13** where

14 how **15** ②

16 ①

17 I like the boy who[that] is the tallest in my class. 나는 우리반에서 가장 키가 큰 소년을 좋아한다.

18 I bought some cheese which[that] was from France. 나는 프랑스산의 치즈를 좀 샀다.

19 ④

20 ①
several times로 몇 번 다녀왔다는 경험을 나타내므로 has gone을 has been으로 바꾸어야 함.

21 ③
what은 선행사를 포함한다.

22 ③

23 ②

24 ①, ④
목적격 관계대명사는 생략이 가능함
②, ③ : 주격관계대명사

25 ②

26 ③
열쇠를 놓고 와서 지금 없으므로 현재완료시제의 '결과' 용법

27 for **28** just

29 that **30** ③

31 ① **32** seeing

33 crying **34** turning

35 ④
부사적 용법

36 ①
명사적 용법

37 ① **38** ③

39 ③ **40** ②

Game 정답

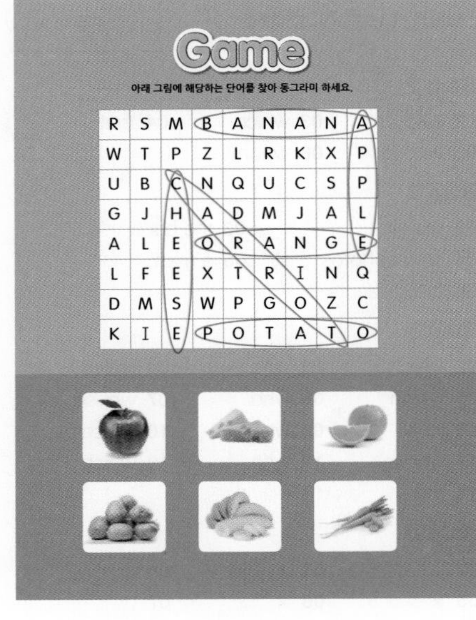